玩法养育

让父母不焦虑的

轻松育儿法

晴天妈妈 著

电子工业出版社.

Publishing House of Electronics Industry

北京·BEIJING

序言

　　我喜欢称呼俞杉的英文名字 Dora，因为她真的很像那部家喻户晓的动画片《爱冒险的 Dora》中的 Dora，对什么都好奇，什么都想尝试，总想干点什么，为人极幽默，总是语出惊人，但性格又难得的友善。本来可以靠颜值的她，却多才多艺得让人惊艳，会 7 国语言，神童级别。我常感叹，她不可限量，她却总说，我知道自己几斤几两！我说她有上进综合征，她却说，我是个乐观的乐观主义者！

　　郭俞杉，1991 年出生的女性，三个孩子的妈妈，有自己的工作室，微博育儿达人，粉丝几十万，每天都有高质量的作品诞生，还在各个网络平台上答疑解惑，帮助众多妈妈获得育儿"神器"，此刻她还正在积极备战博士生考试，事多人却不乱，情商极高，我见她第一面就喜欢上她了！用她的话说，我们第一次就成功"勾搭"上了。

　　我们很喜欢在一起聊天，说起五个娃（她仨我俩）都会滔滔不绝。我特别赞同 Dora 在育儿上的很多见解，这位年轻妈妈的智慧让我印象深刻。她说，孩子的成长是毛毛虫到蝴蝶的变化，而不是小狗长成了大狗，真知灼见。无论从脑科学还是心理学，我们的研究都表明，孩子不是缩小了的成人，他们的一切都与成人不一样，这让我确信：第一，我们都需要成长，在成长的道路上，真的不是我们比孩子更强；第二，他们并不需要都按照我们的期望长大，否则他们就长不大。

　　我做临床咨询工作很多年，对象从小孩到老人，问题总是林林总总，但核心却是惊人的相似。那就是我们生命中重要的前 12 年里是怎么长大的？长成了别人期望的样子，自我就会不停地挣扎，于是自卑，懈怠，懒惰，纠结，抑郁，焦虑，生活没了趣味，生命失去了意义；若是长成了自己期望的样子，自信，快乐，坚强，有爱，生活充满情趣，生命绽放光华。Dora 会跟我聊起她的成长经历，聊到她现在每天必须面对庞大之家（9 口人）的各种矛盾，我真的佩服她内在强壮的心理复原力和情绪管理力。确实如此，即使孩子成长的道路上有很多的干扰因素，绝大多数时候都是我们无意识地带给孩子的，但我们的孩子始终拥有坚韧的生命动力。如果我们没有泯灭他们生存的勇气，他们就会努力活出自己。

Dora 邀请我为这本书写序，我很荣幸。仔细拜读，其实书中不仅是讲玩耍的学问，更是讲教育的智慧。她把这些年来学习到的知识和养育三个孩子的经验完美地结合起来，有理论的高度，又有接地气的实践。专家说人话，这是最难的！不在天上飘着，也不在地上爬着，我觉得这才能真正帮助各位焦虑的父母。书中讲到的很多观点我都非常认可，譬如会玩即会学，要促进孩子的成长，照本宣科是无用的，看书会用才是可贵的。如何用？玩是不二法则，玩游戏，玩阅读，玩艺术，玩音乐，玩诗词，玩运动，玩旅行，玩科技，八种玩法尽显教育智慧。

我常想，我们的育儿焦虑到底源自哪里？除了外界带给我们的压力，我觉得最重要的原因是我们丧失了玩的本能，太较真，非常较真，甚至极度较真地面对孩子，这些较真来源于我们总是自己跟自己较劲。许多心理学的流派都认同一点，我们的负面情绪绝大多数来自我们对自己的不接纳、不认可、不赞同。举个简单的例子，陪孩子写作业，最后导致"家庭暴力"事件。不是因为孩子慢，而是因为我们不允许自己慢下来，不允许自己认真但不较真地对待这件事情。认真是我想解决问题的办法，较真是我偏不允许你这样做。结果是两败俱伤，元神耗尽。这么多年的理论与实践的经验告诉我，越跟孩子对着干事情越不成，换个语气，换个说法，换个表情，换种方式，结果就大不一样，其实这也是为人父母自我成长的方法。

让我们和孩子一起重新玩着长大一回吧，感谢孩子赐予我们这样独一无二的体验，感谢我们还可以用这样的方式自我救赎，感谢俞杉带给我们的启示和帮助，愿我们成为孩子真正的玩伴！

罗静

中国科学院心理研究所博士后

两个孩子的妈妈

2018 年 5 月

自序

我生命中最美好的体验，就是成为三个孩子的妈妈。

看到这里，你一定会好奇，如今一个孩子就已经让妈妈们崩溃，三个孩子，还在写这本书和大家唠叨，这个人是不是真实存在的啊？生三个孩子究竟是怎样的体验？

我并不是天生的"孩子迷"，准确地说，我的人生计划里本没有孩子，因为我觉得自己也是个孩子。天性好"玩"，我的生活曾经都是诗与远方……然而，英年早孕，我在经过内心惊喜、挣扎、紧张、恐惧以后，决定接受"妈妈"这个新角色。我一开始心里还在偷着乐，我是情感咨询师，我的父母都是教育工作者，我肯定是一个超级棒的妈妈！然而这一决定不要紧，三个宝宝接踵而至，每天没完没了的屎尿屁，和停不下来的哭闹争抢。我何止是崩溃，简直是一边哄娃一边自己在心里流眼泪："世界上怎么会有孩子这种可怕的生物？"

这种一地鸡毛的无力感还不是最让人绝望的，最崩溃的是我发现孩子真的是不带说明书的小魔王，喜怒无常，软硬不吃……学了那么多育儿理论，看了那么多专业书籍，我还是会被孩子的成长困惑，被情绪问题折腾得精疲力竭。给别人讲课头头是道，到了自家孩子身上总是毫无办法。

有一次因为抢一个布偶，大女儿一把就将小弟弟从沙发上推下来，险些磕破脑袋。我一边冲着女儿大吼，一边开始哭泣，为自己的纠结、无力、崩溃而痛苦。

职业面前我是无所不能的，但在孩子面前我是无能的。

我开始重新思考亲子沟通的方法，也开始重新思考养育的意义。父母究竟期待养育什么样的孩子？我们究竟期待什么样的养育方式？是不是我没有读懂孩子的成长方式，忘记了孩子学习和认识这个世界，都是从"玩"开始的？

我们大人最擅长的就是把事情都变得无趣、无聊、无爱，我们做一切事情都喜欢问"有什么用啊？""可以当钱花吗？"可是这一切对于孩子而言却完全不同。玩耍是孩子了解世界、探索世界的第一种也是最有效的一种方法。

　　陪孩子玩对我们来说真的很累，疲惫了一天的父母们都希望能够找个柔软的沙发把自己窝进去发呆，而不是和孩子一起满地打滚或是讲幼稚的睡前故事。

　　或许就是因为我们已经习惯了用呆板的教条的甚至枯燥的"成人语言"去看世界了。看到下雨天，我们更关心的是出行不方便怎么办？而孩子可能更关心"我可不可以去踩水？""楼下会不会捡得到蜗牛？""我想出去淋雨！"……我们已经丧失了"玩"的能力，丢掉了生命最初"玩"的方式，与世界与生活与自然远远地脱离开来。在成年人编造的信息时代和工业世界里，我们就像那一颗颗无趣的螺丝钉，没有闲暇更没有精力去关注一切好玩的有趣的事情。

　　所以，到处都可以看到父母们抱着手机，孩子在旁边看着动画片，貌似"和谐"的沉寂背后，是生硬的情感和疏离的亲子关系。如果我们能够对游戏上瘾，孩子可以对电子产品上瘾，那么也可以用好玩的方式对一切积极美好的事物上瘾。在这个有趣的互动过程中，我们重新拾起和孩子之间的连接，修复我们的亲子关系，与孩子一起收获笑声和欢乐，并且陪孩子一起快乐成长。

　　玩法养育，就是父母育儿路上最有用的工具，把一切成长路上的困难、情绪、问题，都变成游乐场和游戏机，让孩子幸福快乐地成为自己喜欢的样子。

　　我会在这本书里面陪伴大家一起成长，还会介绍特别好用的"百宝箱"——通过各种各样的玩法解锁孩子核心能力和各种成长秘籍，为孩子的成长助力。通过真实的分享，让每一位和我一样曾经焦虑、困惑的父母不仅学到科学有趣的心理学和教育学知识，还可掌握实用有效的亲子互动玩法。

　　父母，是孩子最好的玩具，更是孩子的最佳教练！

"晴天妈妈"郭俞杉

2018 年 5 月

目 录

Part 1

玩是孩子
最好的成长礼物

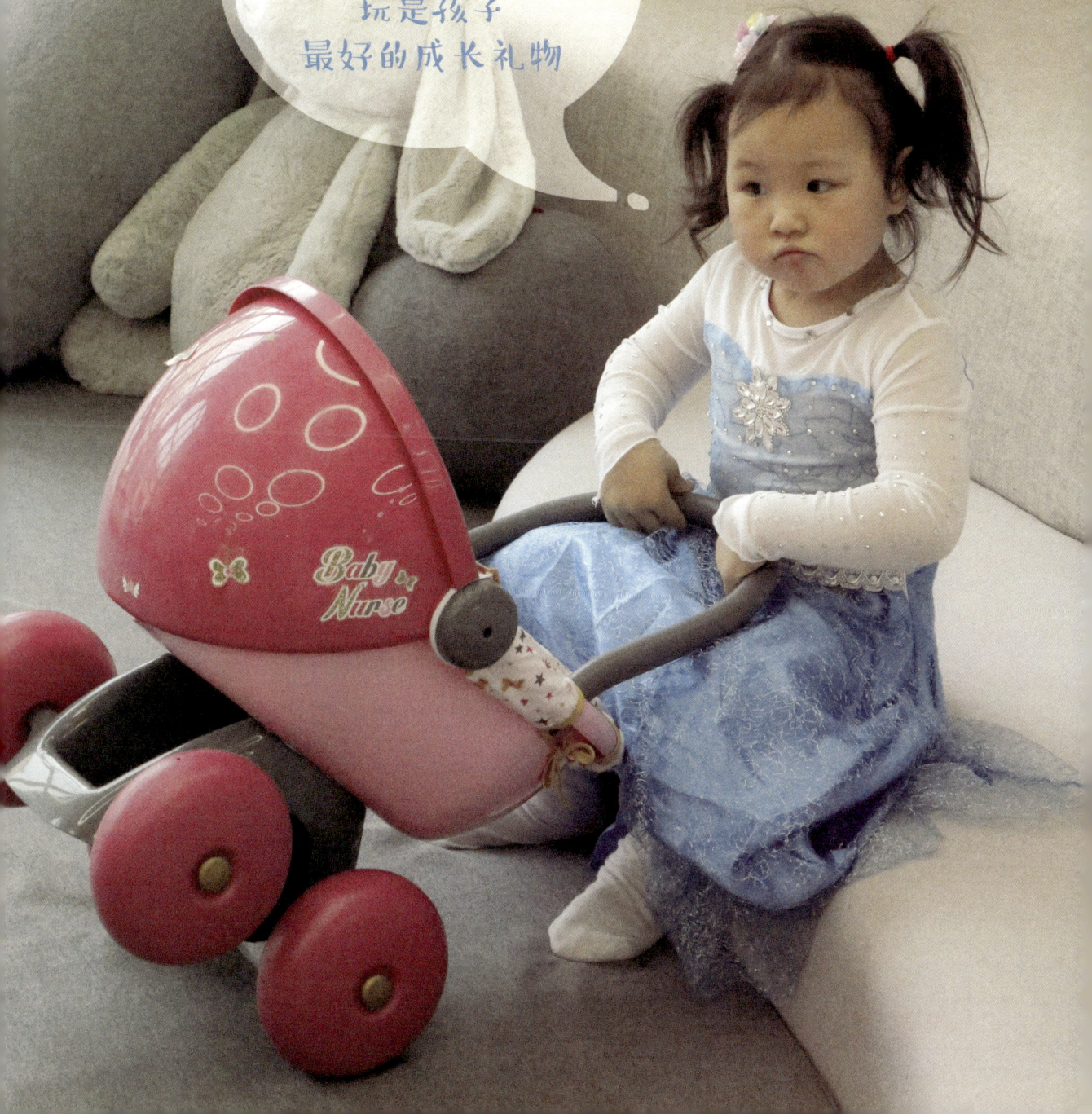

1.1

玩
是孩子最重要的工作

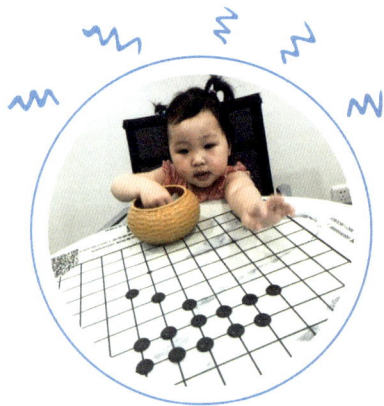

· 教育是扔掉教科书以后剩下的东西

这是一个颠覆性的时代。

我们想获得任何信息、资料、知识都可以用很便捷的方式迅速获得，而不再依赖于记忆。经常有家长问我，要不要让孩子上课外班，要不要买学区房，要不要辞职陪读等，我这样回复：教育就是扔掉教科书以后剩下的东西。

人工智能汹涌而来，机器越来越像人，而人越来越像机器。孩子的聪明可以被训练，智慧却不能被量化。很多父母让孩子做任何事情都强调回报，学这个可以考级吗？可以加分吗？学到某种程度需要多长时间？我们太关注如 KPI[1] 一般的现实回报，希望用这些看得见摸得着的标准，证明自己是一个合格的父母。可是，技能背后的体验、感悟、知觉，才是让生命如此生动、鲜活、真实的根本所在。

① KPI，Key Performance Indicator 关键绩效指标

一个个满分，一项项技能，一张张证书，

我们要的是一个完美的机器，还是生动的灵魂？

一个抚摸过树叶、触碰过泥土、亲吻过花蕊的孩子，才懂得什么是美。

一个追逐过虫子、闻嗅过草香、倾听过鸟鸣、仰望过星空的孩子，才知道什么是爱。

有过真实的欢笑、哭泣、喜悦、悲伤、恐惧，见识过大千世界的不同，触碰过世界万千可能性的孩子，才能拥有丰满、包容、独立、幸福的人生。

教育就是扔掉教科书以后剩下的东西。

· 玩是孩子最重要的工作

对于成年人，工作就是工作。对于孩子，玩就是工作。

世界对于孩子来说就是真实的游乐场。就像我们小时候曾经痴迷过的角色扮演、过家家游戏一样，重点不是我们玩了什么玩具，而是我们喜欢玩。即便没有具体且丰富的玩具，鹅卵石、树叶、废纸、空瓶……也可以让孩子收获欢乐。甚至，当一切道具都没有的时候，孩子也会创造想象的朋友，或者把父母当作他们的玩具。生活对于成年人来说是干瘪的、一成不变的、焦虑的、枯燥的，对于孩子来说只要睁开眼睛，一切都是好玩的。我们不需要刻意地、过早地让孩子通过技能的驯化成为成年人，而是让孩子更好地去玩，更真实地拥抱这个对他而言充满乐趣的世界。

☆☆☆☆☆

自然界的万千不同，可以让孩子学会接纳与包容；

生气后的游戏时光，可以让孩子学会平复情绪；

互动时的肢体接触，可以弥补孩子被拒绝的挫败感；

追打嬉戏中的运动，能够刺激孩子的身体和大脑发育；

故事中的情节，可以帮助孩子理解真善美；

艺术中的美好，可以打开孩子情绪的大门；

混乱中的感官体验，让孩子进入"心流"专注。

……

成长中遇到的问题，只能在成长中找到解决办法。很多父母期盼着孩子长大后问题就会迎刃而解，认为很多成长的话题可以在孩子到达某个年龄时顺利完结。

孩子不听话，上了幼儿园就懂规则了；

孩子乱丢东西，读了小学就应该有好的生活习惯了；

孩子不能和别人愉快相处，上了大学就会与人交往了；

孩子不能早恋，走进社会就可以与异性建立婚恋关系了；

……

长大了，真的就什么都好了吗？年龄的增长就可以换来问题的迎刃而解吗？18岁是法律和社会意义上的成年，但真的是"在17岁的最后一个夜晚安然睡着，醒来后迎接成年后的第一缕阳光……"之后，我们就会成为一个完全独立、成熟、有担当的成人了吗？当然不会。

孩子的成长没有坐火箭，饭一口一口吃，路一步一步走。孩子是在每天的发育、玩耍中慢慢成长为一个成年人。而父母如何陪伴他，引导他玩耍，带领他看世界，帮助他更好地适应社会，理解自己与他人，就是刻在孩子生命树年轮里的珍贵礼物。

我们不需要刻意地、过早地让孩子通过技能的驯化成为成年人，而是让孩子更好地去玩，更真实地拥抱这个对他而言充满乐趣的世界。

1.2

玩，
可不是瞎玩

　　每个家长最喜欢做的事情是什么？我曾在很多场合问过很多父母，没有一位家长告诉我他最喜欢做的事情是工作，是做家务。大家喜欢做的事情要么是去旅行，要么是看电视剧，都是和休闲相关的。**没人喜欢辛苦和无聊，追求快乐就是我们的本能。**生物都是趋利避害的，我们会根据自己的兴趣爱好去选择最愿意投入时间和精力去做的事情。对孩子来讲也是一样，在玩的过程中寻找到乐趣，收获开心的体验。

· 玩是最好的学习和成长

　　很多人认为儿童的玩耍是无意义的，只是成长过程中对时间的消耗。其实不然，玩就是学，学就是玩。孩子整个成长发育的过程，都是通过玩来探索和了解这个世界的。玩耍可以促进孩子的全面发展，主要指以下五个方面：

三个孩子在盐疗馆玩矿物盐。

① **身体的发展。** 随着孩子生理上的发育，大动作和精细动作，手眼平衡及肢体协调能力也逐渐发展。

② **认知的发展。** 随着孩子大脑的发育和活动空间的扩大，尝试认识、了解这个世界，多方位感受世界。

③ **语言的发展。** 孩子通过与抚养人的交流互动，慢慢了解用语言米表达自己，学会一些新词汇，构建句子，逐渐能够表达自己的想法与需求。并且将语言的表达与非语言形式的表达慢慢联系在一起。

④ **社会性的发展。** 孩子通过亲密社交、外部社交，逐渐体验社会期望和社会角色，完成自己的性别认同、角色构建。

⑤ **情绪的发展。** 我们逐步教会孩子表达自己的情感、表达自己的喜怒哀乐，提升社会情绪智能，了解培养社交规则等，也是在帮助孩子更好地认识自己和他人的情绪、表达并处理这些情绪。

　　这五个方面是衡量孩子成长过程中健康与否的一个参考值。所以我们在跟孩子互动的过程中，可以更多地去考虑到玩耍本身是否符合孩子现阶段身体的发展能力，认知的发展能力，语言的发展能力，社会性的发展能力以及情绪发展的能力，也可以思考在跟孩子的互动中是否在这几方面对孩子进行了相应的引导。比如期待 6 个月龄的小宝宝能参与到大孩子们的踢球游戏中，显然有些太强人所难，即便家里有多个子女，这样同步的统一和期待都是不恰当的。

　　亲子陪伴很重要的一部分，就是尊重并允许孩子用自己的方式玩耍。

· 每个孩子都是天生的 "大玩家"

说到玩，对于孩子来说是天赋能力，是与生俱来的，并不是刻意练习的技巧。我们会发现孩子经常用这四种方式进行玩耍和游戏。

1. 想象游戏： 就是我们都熟悉的角色扮演过程，包括过家家，变魔术，捉迷藏，无中生有等。孩子的空间意识发展以后，这些不停切换距离的游戏是反复玩都不会腻的。

2. 建构游戏： 比如说拼图，搭积木，堆沙盘，做空间上的堆叠，都属于建构方面的游戏。

3. 创造游戏： 涉及到孩子的创造力，包括涂鸦，画画，做手工 DIY，玩沙子泥土，随着音乐自由摆动，哼小曲，舞蹈，甚至表演，这些都是属于孩子创造性发挥的玩耍类型。

4. 体育游戏： 在孩子整个成长过程中，随着大动作和精细动作发展而去适应相应阶段的游戏，包括滑滑梯，玩摇铃，荡秋千，跳绳，骑小车，球类运动，还有丰富的户外活动。

这几种游戏形式经常相互穿插，一起伴随着孩子的整个成长发育过程。或许某些游戏形式或者某种游戏类型在一定时期内会成为孩子玩耍的主旋律，但是并不代表孩子的玩耍方式是单一的。玩耍的具体内容也会随着孩子的身体发育、认知、语言、社会性及情绪等多项能力的发展而更加丰富和深刻。

· 玩耍，就像爬楼梯

　　父母都希望能够在孩子相应的发展阶段给予适当的刺激和积极的引导。就像打游戏通关一样，随着孩子各项能力的发展，适合孩子的玩耍方式也呈纵深向发展，并不是无规律可循的。

第一个台阶：练习性阶段（0~2岁）。

　　主要表现为动作的重复再现，推倒重来。很多小宝宝特别喜欢扔玩具、推积木、搞破坏，除了获得关注、寻求与大人的互动以外，就是在通过一遍遍的扔掉捡起去探索和了解：为什么球会掉？为什么有的玩具可以扔得很远？为什么皮球掉到地上会弹起来，而碗掉到地上就碎了？成年人世界里的客观规律和物理常识，对于孩子来讲都是要通过玩耍中的重复体验去了解和发现的。牛顿不也是因为被苹果砸到头，才发现万有引力的吗？所以，成人看起来是孩子停留在无聊的重复游戏中，很可能真相是孩子的小脑袋正在飞速思考并理解着世界。与其制止和约束孩子的玩耍，不如提供安全的环境和玩具，陪孩子玩个够。

第二个台阶：象征性阶段（3~6岁）。

　　主要表现为模仿游戏，角色扮演。进入幼儿期、学前期，孩子的自我意识发展到了新阶段，与各项能力飞速发展同步的是有了更多模仿和互动的需求，学习做大人。孩子对于社会规则的理解、对生活常识的学习都来自于模仿，去复制并演绎成人的言语行为和社会表现。这个年龄段的孩子特别适合借助动画片或者绘本中的情节来引导孩子的行为习惯，用角色扮演、假装游戏的方式来给孩子进行二次演绎。比如我女儿很喜欢的一本书叫《爸爸妈妈不在家》，这本书中的小女孩就在爸爸妈妈都不在家的时候接待了家里的客人。某天放学之后回

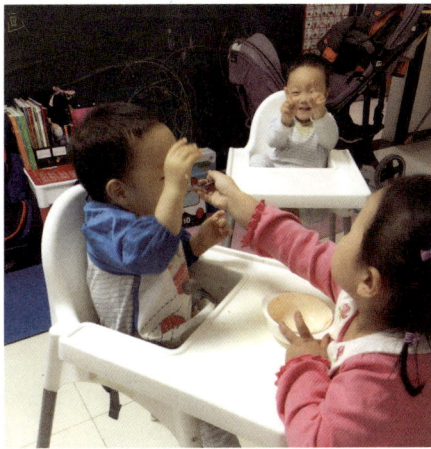

到家，家里只有女儿和我，我对她说："小千，妈妈来当阿姨，你来当小主人，阿姨来你们家做客啦！"话音刚落，女儿就像模像样地拿出了水果玩具和纸杯，然后对我说："阿姨好，阿姨请坐，阿姨请喝茶，阿姨我们来玩玩具吧。"她把我想象成阿姨，把自己想象成书本里的小女孩。我还会回应她："谢谢有礼貌的小宝贝，可惜阿姨的水有点烫，方便帮我晾凉吗？"女儿还像模像样地说："阿姨抱歉，我给你换一杯温水。"就这样一个游戏，小朋友就知道了太热的水不方便招待客人。比唠叨更管用的是游戏，不需要家长再去说教社交礼仪和接人待物之道，玩耍中便引导了孩子的社会行为。

第三个台阶：规则性游戏（7岁以上）。

主要表现为有逻辑性的复杂游戏。孩子会对很多复杂的游戏，包括策略、竞技类的玩耍和互动类型更为偏爱。如果跟孩子玩推理、逻辑、悬疑的游戏，会发现孩子的学习能力、问题解决能力、社会情绪技能发展更加成熟。进入青春期以后，玩耍类型转向竞技和社会交往等能够提升自我价值感的形式。

1.3

从毛毛虫到蝴蝶，
破解 0~6 岁孩子的成长密码

　　小孩子看起来懵懂无知、天真可爱，但是他们似乎具有神奇的力量，学习的速度让成年人望尘莫及，创造力惊人，不知道他们何时又突然解锁了新技能。喜怒哀乐、一颦一笑看起来毫无章法，却似乎暗藏玄机，很多人甚至开玩笑，养孩子不仅要会养育，更要会"算命"，因为不知道孩子下一秒又会上演什么样的戏码。

· 孩子不是缩小版的大人

　　相较于其他生物，**漫长的学习期使人类变成了最高级的学习者**。知名心理学家高普尼克就曾惊叹，**对于所有人类而言，孩子是真理、爱和人生意义的最大来源**。相信每一个父母都经常惊叹生命的奇迹。

刚出生的孩子像一张白纸，却又不只是一张白纸。越来越多的科学研究指出，孩子并不是什么都不懂，孩子本来就具有科学的探索世界、自己找到答案的能力。而父母需要做的，只是在他们探索的不同阶段，提供适宜他们玩耍和观察的刺激。把适合的"玩耍"有效地呈现给这些"最佳学习者"。

> **孩子并不是缩小版的大人，并不是一个纯粹由时间积累自然过渡的进化结果，大人和孩子更像是两种不同形态的人类。**看似是丑小鸭变成了白天鹅，其实更像是"毛毛虫"和"花蝴蝶"的演变关系。他们的思维、大脑和知觉形式虽然都很复杂有力，但却完全不同，服务于不同的进化机能。孩子的发育过程就像蛹化成蝴蝶一般，并不只是简单的成长。所以，孩子处在漫长的毛毛虫阶段时，离不开成人的照料，离不开长期的学习和想象，更离不开对成年世界的模仿和思考。

"小人国" VS "大人国"，读懂孩子的五个成长规律

像物理定律和数学法则一样，集魔鬼和天使于一体的孩子也有规律可循。很多心理学家、脑科学学者都用各种科学研究证明了孩子的成长规律。

第一条定律：孩子眼里的"大人国"是非常奇怪的

试想一下，每一个孩子从出生、爬行、站立再到满地奔跑，开始时的行动无法自理，吃

喝需要被照料，甚至视力和行动能力都非常有限，逐渐过渡到成为一个"小大人"……从一个人的"小人国"踏入了成年人的"大人国"，不停地成长、探索、学习、模仿、驯化，慢慢向"大人国"的规则靠近。就像是一条毛毛虫踏入了蝴蝶谷，有惊吓、有好奇、有惊悚，充满了荒野求生的意味。

有一个故事很贴切，小朋友和妈妈去逛超市，孩子一直在哭泣，妈妈蹲下来试图用零食哄逗孩子的时候刚好抬头，蓦地发现，从蹲下身的高度看过去，满眼都是大人密密麻麻的膝盖、裤脚，根本看不到陈列架里面五颜六色的商品。对于大人来说很有趣的地方，在孩子的视觉中却一点儿都不美好。

蹲下来陪孩子看世界，其实就是用"小人国"的视角和思维方式来看"大人国"。

3 年前，第一次带 10 个月大的女儿去沙滩，我被远方的灯塔吸引，蓝天碧海青塔，伴着海风，是极有诗意的画面。我一直用手指指着远处，屡次试图让孩子的眼光和我一道欣赏美景。可是孩子不为所动，一直低头摆弄在岸边捡到的鹅卵石。我想不明白的是，大老远跑来看海，为什么孩子居然只喜欢这种随处可见的破石子？！但是，看着孩子入迷的样子，想想她才 10 个月，哪看得到那么远的风景，如果一颗石子能给孩子带来愉悦，我为什么不能允许她在"小人国"里面多停留一会儿，她不是迟早要来到"大人国"吗？

第二条定律：孩子的大脑是一台超速运转的复杂机器

有一个比喻很形象，宝宝的大脑就像一个嗡嗡作响的蜂窝，里面有两百亿个蜂巢，大脑联结程度是成人的 1.5 倍，比成人有更多的神经通路。感受一下，假如我们成年人看到的电影、听到的声音、接触的世界都是 1.5 倍速的，整个大脑就会像鼓风机一样轰轰运转。

人类大脑分为左半脑和右半脑。它们紧密地分工协作，不可分割但是各司其职。在此特别说明，近年来的科学研究证明了"右脑开发"是个伪命题，左右脑无法离开彼此单独工作，现实中，我们也无法脱离任何一个半脑解决问题。

左半脑是"老唐僧"，做事有板有眼。它喜欢抓细节，比如：遣词造句、运算思考、它能帮助人类集中注意力，进行逻辑推理，保持稳定的情绪。

右半脑是"孙猴子"，能帮助人类迅速做出决策，识别熟悉的面孔，还负责音乐艺术和运动。同时，它很难集中精力，冲动任性，也很情绪化。

父母不必成为脑神经专家，但掌握一定的科学知识有助于理解非常重要的一点：当孩子烦躁的时候，要想哄他们安静下来，最关键的是要通过语调、手势和肢体语言，直接和他们的右半脑交流。就像我们在这本书里介绍给大家的超多玩法一样，用有趣、夸张、欢乐的方式，和右半脑的"孙猴子"一起大闹天宫，能有效地让孩子的情绪缓和下来。

好消息是孩子大脑的进化成果是非常可喜的。待宝宝即将度过学步期，你会发现，宝宝的左半脑发育日臻完善，逐渐控制整个大脑的活动。他们更加善于言辞，能够集中注意力，不会一旦遭遇挫折就大发脾气。4 岁以上的孩子情绪更加稳定、有耐心、好沟通，更像一个懂事的"小大人"。

别害怕孩子冲动、情绪化、注意力不集中，这些其实是再正常不过的表现。孩子不是大人，当然不可能一直稳定和理智。所谓的理智、去情绪化是不人性的，更是不符合孩子发展特点的。

第三条定律：孩子永远是孩子，天生就是个淘气鬼

如果世界上真有"不听话冠军"，我想每个父母都会投给自己家的孩子。你说东，他往西，调皮起来真是让人头疼。很多孩子干起一件事，就很难停下来。他们似乎很难把注意力从一项活动转移到另一项活动上来。就像一台没有"停止"键的"淘气机"。你经常会在孩子玩耍的过程中发现这种现象：我要扔这个球——一万次！我要推倒这个积木——一万次！

听话的孩子都是一样的听话，别人家的；

淘气的孩子是各种各样的淘气，时刻在线。

1. 孩子永远三心二意。超级丰富的神经通路决定了他们能够眼观六路耳听八方，时刻准备着分心。就像掰玉米的猴子，目标感非常弱，脑袋里想的除了玩还是玩。

2. 孩子看上去总是注意力不集中。屁股上像长了针，大多数时间都不能老老实实呆一会儿。

3. 孩子都很固执。比如孩子说话一定要用固定的搭配和结尾，鞋子必须按照从左到右的顺序排列，睡觉前必须先亲吻洋娃娃再亲吻奶瓶，下楼一定要走某一侧的楼梯。有时候明明门已经关上了，因为不是孩子亲自关的，他就哭闹着一定要重新开启后再亲自关闭……有人称之为秩序敏感期，有人整理出了上百个"关键期"来解释孩子对于某项事务的偏执。然而我不太倾向于用各种各样具体的名目来给孩子的"小任性"贴标签。**其实孩子和成人一样，越是情绪化，对稳定和秩序的要求就越高。**给孩子一个安全稳定的成长环境，让孩子对自己的生活更有"掌控感"，在这个层面上来讲，相对安全的养育环境是意义重大的。

4. 孩子天生喜欢打破规矩。 父母负责定规矩，孩子的天性就是破坏规矩。越是你不希望孩子做的事情，他越容易重复做。摸摸这儿、碰碰那儿，即使长大一些了，也依旧对于父母禁止的说脏话、不能乱涂乱画、不能打人的规定置若罔闻，甚至还有你越说他越起劲儿的意味。似乎孩子和父母就像一对冤家，一个前面忙着犯规，一个后面追着惩罚。其实，探索和破坏就是孩子成长的方式，那些最好玩的游戏情节，多少都有一些离经叛道。比如踩泥坑、枕头大战、过家家，都含着一些违反常规的因素。孩子就是在不断地尝试、破坏、挑战边界、抗拒规则的过程中慢慢探索并了解了这个世界。

第四条定律：每个孩子都是独一无二的，学会尊重孩子的特质能让你节省一半以上的精力

世上没有两片完全相同的树叶，每个宝宝都是独一无二的。外貌、性格、喜好、特长、脾性，每个孩子都各有不同。即便是同卵双胞胎，比如我家的小万小亿，还是有不相同的特点。一些针对同卵双生子的多年追踪研究也越来越认证了这一点——**孩子，都是不同的**。很多人会把这些让人觉得扑朔迷离、捉摸不透的"性情"与孩子性别、出生顺序、基因特点、抚养环境等联系在一起。比如血型说、体型说、星座说等，但是目前较为公认的还是气质类型说。

气质类型，关乎父母的教养方式

气质是人格的先天基础。早在 2500 多年以前，古希腊"医学之父"希波克拉底就根据自己的观察将人划分为胆汁质、多血质、黏液质和抑郁质四种气质类型。

胆汁质：社交家。胆汁质的宝宝特别热情，直爽，精力旺盛，脾气急躁，心境变化剧烈，易动感情，具有外倾性。典型的人物代表如猪八戒、李逵、鲁智深、张飞等。

多血质：梦想家。多血质的宝宝活泼、好动、敏感、反应迅速、喜欢与人交往、注意力容易转移、兴趣和情感易变化等。典型的人物代表如孙悟空、王熙凤、曹操、赵云、薛宝钗等。

黏液质：实干家。平静，善于克制忍让，生活有规律，不为无关事情分心，埋头苦干，有耐久力，态度持重，不卑不亢，不爱空谈，严肃认真，但也有缺乏灵活性的问题。典型人物代表如沙和尚、林冲、诸葛亮等。

抑郁质：思想家。抑郁质的孩子很容易显得孤僻、不合群，但是他观察细致、非常敏感、表情腼腆、多愁善感、行动迟缓、优柔寡断，具有明显的内倾性。典型的人物代表如唐僧、林黛玉等。

孩子气质类型不同，会展现出不同的特点，孩子还可能同时具备多种气质类型。而且，孩子的性格也具有延展性，并不是气质一说定终身。父母可以将孩子的气质类型作为参考，并相应调整自己的教养方式。接纳孩子的气质类型，因材施教，尽量尊重孩子的特点和成长节奏。外向或者内向只是特点，而不是缺陷。

在传统价值观中，我们都希望孩子活泼开朗亲近社会，对一些内向的孩子恨不得逼着他上台表演赶快成为"优秀的孩子"。其实内向孩子的大脑抑制了部分活跃行为的同时，也唤起了更多的观察力、思考力、专注力、创造力。**孩子的气质并没有缺点，只是特点。**

第五条定律：过度教育，不如放弃"教育"

看完前四条，或许很多人都会同我有一样的感受，我们以为孩子是我们的孩子，可是我们居然对孩子了解得如此之少。**我们因为生了孩子成为生理上的父母，因为想给孩子更好的养育而成为真正的父母。**

有时我们太迫切想成为一个合格的父母，用权威、道理、惩罚来与孩子沟通……但似乎我们说得越多，效果往往越令人担忧。那些被棍棒和说教堆砌的童年里，有太多的创伤和压抑。父母的本心和孩子的个性更需要精妙的平衡。

没有完美的孩子，没有完美的性格，但是有适合孩子的教养方式。放弃过度的权威、比较、控制、约束、教条，跟着孩子的特点和节奏，和孩子一起成长。

牵着"毛毛虫"去散步，允许"小人国"的小人用自己的方式——"玩"，来慢慢学习、探索、长大，父母用"大人国"的爱与陪伴，给孩子相应的支持，静待破茧成蝶的那天。对孩子而言，**刻意教育常常失败，有笑声有玩耍才是最美好的童年。**

1.4

突破局限：
丢掉育儿书，跟着孩子玩

我们的教育大多是结果导向的。我花了很长的时间，才真正接纳孩子本身就是最会玩的学习者。过多的理论和教条充斥着父母的生活，总有很多人告诉我们应该怎么和孩子沟通、如何陪伴孩子、怎样教育孩子，流派本身就难以避免偏见。何况，我们忘了一件事情——科学总要给灵性让步。**给孩子贴标签往往是高效的，我们可以更轻松地将孩子划入某个队列，来逃避额外的养育责任。但是也没有考虑到"生而不同"的个体差异，以及流动着的亲子关系带来的成长效益。**

在有限的科学面前，孩子无限的生命力、创造力和好奇心，才是成长的原动力。孩子并不是因为学习了理论才懂得玩耍，而是因为玩耍才得以了解这个世界。

当然，为人父母的成长从来不能丢弃，科学系统的认知体系，能帮我们在与孩子打交道的时候更加从容。但是适当的时候，丢掉那些生硬的理论，记得孩子的本性，在陪孩子玩耍的过程中允许他用自己的方式来打开这个奇妙的世界。积木不一定只能搭高，也可以推倒；看绘本不一定要逐页通读，也可以一幅插图看上百次；面粉不只可以做美食，也可以变成天然的手工材料……除了少数需要介绍规则和安全事项的情况外，大多数时候，我们只需要陪着他们，让孩子静静享受自己的游戏时光。

· 每一次玩耍，都是孩子在"系统升级"

在教育领域，美国著名心理学家、教育家本杰明·布鲁姆提出的"思维金字塔"就是对思维的 6 种级别建立的高效体系，用来评估学生的思维复杂程度及认知水平。

思维金字塔：一个倒立的进阶思维体系

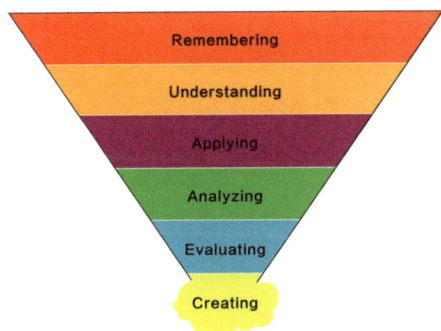

第一层：Creating 创造

第二层：Evaluating 评估

第三层：Analyzing 分析

第四层：Applying 应用

第五层：Understanding 领会

第六层：Remembering 识记

大多数成年人从基础的识记，逐渐过渡并逐级进阶最终达到创造。而孩子不同的是，他们的各个思维层级更像是同步交错发生的，进而实现螺旋式上升。**因为学习、探索、创造性破坏，本身就贯穿孩子的成长全过程。**

当孩子的思维水平在思维金字塔中不断提升的时候，他们的思维越来越复杂，而随着经验的积累，孩子的学习潜能也得到了很好的开发。虽然布鲁姆最初并不是针对儿童或者玩耍而提出的这一思维体系，但有趣的是，即使孩子们只是在进行简单的角色扮演，他们的思维水平也至少已经达到这座金字塔的半山腰了。因为在这个简单游戏中，我们需要把对一件事物的理解应用到另一件事物上。比如把空杯子联想成盛满了果汁，把玩具理解为电话。有学者认为，在本质上，所有的角色扮演游戏或者大多数的儿童自发性的玩耍，都直接处于金字塔的最高级别——创造，完成了从无到有、从具体到抽象的飞跃。

· 玩耍的意义，首先是玩耍

通过前面的介绍，我们了解了玩耍的很多益处，但是父母必须记得的是——**玩耍对于孩子自己而言的意义，只是玩耍。**

孩子并不是因为有价值，或者可以提升自己的智商和情商而开始玩耍，根本上还是因为玩耍足够有趣，孩子在其中感受到了无穷的欢乐。正因为在感官、情感、社交上获得了巨大满足，孩子才热爱玩耍。**就像吃饭、睡觉一样，玩耍是孩子的本能。**

· 混乱的玩耍，本身充满价值

孩子天生喜欢混乱。对于父母而言，听到一片噪声、看到一地玩具、被弄得到处都是的颜料……简直是灾难。可孩子们非常享受这样的"破坏时间"，我喜欢称之为"淘气时间"。

　　孩子们很喜欢一本有趣的书《我的大喊大叫的一天》，听名字就知道是怎么狂躁失控的一天，小主角在度过了这样大吼大叫的一天之后，接下来的日子都非常积极地与妈妈合作。这个故事，像极了混乱中的小朋友，放完电，一切似乎都回到了正常。

　　孩子扎堆聚集的地方，一定免不了有这样的尖叫时刻，一个孩子开启了高分贝，别的孩子立刻积极响应。成年人越是试图制止他们，孩子们的喊叫声越激烈。与其徒劳地费力抗争，我们不如给孩子一个可以放纵的"淘气时间"。只要不破坏财物、不涉及危险、不打扰别人，小混乱和小噪声都是有益无害的。对于大一些的孩子，别忘了提醒他们——淘气时间结束的时候，要和爸爸妈妈一起收拾战场哦！

儿童发展专家喜欢把这类混乱游戏叫作"感官游戏"。就像我们之前提到的，孩子的感官体验本来就比成人丰富敏感，当他们的感官都被调动起来的时候，学习效果自然也就更好。与看卡片上的小猫相比，真的看到并抚摸一只小猫显然会让孩子记忆更加深刻。感官游戏中，玩面粉、捏泥巴、踩踏水坑、把瓶子里的水倒在形状不同的杯子里……对"混乱玩具"本身的质地、形状、材质、体积、空间的感受就是最好的课堂教学。

当然也有不那么混乱的"淘气时间"，比如手影游戏、声音游戏，每一种玩具都可以延展为混乱和不混乱的玩法。重点是，在这些看似不可理喻的"淘气时间"里，孩子的感官体验、情绪管理、社会交往都得到了很好的满足。

· 玩耍和捣蛋是完全不同的

很多父母会担心，随着孩子的性子玩，那怎么判断哪些属于玩耍，哪些属于捣蛋？孩子玩耍的时候，是高度专注的，是充满乐趣的。即使游戏本身充满了混乱和不可控，但孩子的神情是很容易被识别和捕捉的。正如"积极心理学"著名的"心流"体验一样，专注、喜爱、擅长、创造、愉悦，这个过程在孩子的游戏中随着年龄的增长会慢慢凸显，开始"忘我地玩耍"，并为以后的学习和职业体验提供宝贵的经验。

需要强调的是，作为父母**需要划定我们自己认为舒适的原则。**比如我就很介意孩子在墙上和家具上留下涂鸦作品，洁白的墙壁让我心情愉悦，所以我选择提供给孩子一面 3 米宽的涂鸦墙和一堆纸张。提出亲子之间彼此可以接受的底线，共同商定游戏规则，在玩耍中再次完善和践行这些规则，也可以让玩耍时间质量更高，父母和孩子都能获得真正的满足。

　　玩耍更像是孩子的喜好和父母的边界之间的交集。我们努力拓宽自己的边界，但是总免不了有一些介意的部分——没问题，**养孩子不是坐牢，不该绑架，不需要改头换面，父母要尊重自己。**适当参与孩子的"淘气时间"，和孩子一起搞搞破坏，像本书之后提到的那些具体的玩耍方法一样，在笑声中与孩子获得连接。

　　也不用担心孩子会一直沉溺在"淘气时间"里，儿童心理学家皮亚杰就发现，随着孩子步入 4~7 岁，逻辑能力的发展让孩子更好地理解物质守恒，并且不再以混乱为乐。

孩子与大人的差异，决定了生活方式的不同——我们工作，孩子玩耍。如果我们可以在工作的时候偶尔开小差，那么孩子在游戏中不按规则玩耍，也是非常自然不过的事情。

跟着孩子的节奏，必要的时候助推，更多的时候跟随。父母的本能和孩子的心会告诉你——这么玩就对了！

Part 2

八大"玩法"
助力孩子成长

2.1

玩游戏，
笑声中隐藏着治愈的力量

某天我和女儿下楼玩耍，在小区门口的小摊位看到这样一幕：小男孩正趴在小桌子上写作业，一边写一边哭，而旁边看起来像妈妈的中年女性气汹汹地一手叉腰一手举着扫把，时不时敲打着桌子，怒吼："你写啊，快写啊！不写我打死你！"……小男孩一边抽泣一边握着笔，并没有办法安静下来投入作业，反而停了下来，此时妈妈更加怒吼着打孩子，一时间母子俩你追我逃围着桌子开始一番追逐，最终妈妈还是追上了孩子，拖着孩子回到了摊位后面的房间里……女儿看到此景紧紧抱着我的大腿，问我："阿姨为什么生气啊？为什么要打小哥哥啊？"我只能说："阿姨关心小哥哥的学习，希望他完成作业，但是小哥哥没有配合，所以阿姨生气了……"然而一边说，一边叹息，亲子关系的对立与合作，真是一个让人忧心的话题。

撇开打骂是否构成家庭暴力，或者给孩子留下何种程度的心理阴影，只说这种相互拉锯战的沟通方式也是非常低效的。

· 哪里有控制，哪里就有反抗

很多家长抱怨孩子写作业、上兴趣班、上幼儿园、穿衣服等各种事情都会层层阻抗，孩子总是不愿意配合家长完成任务，用顽强的行动来抗拒合作。拖延、磨蹭、装傻、偷懒、耍赖、发脾气……如果家长有 100 件需要孩子与我们合作的事情，那么孩子也有 100 种与我们对峙的策略。

女儿小千 2 岁多的时候因为睡觉问题和我们开启了拉锯战。每次说好几点睡觉，定好了闹钟，做完了游戏，讲完了故事，依旧有各种各样的"附加要求"：

妈妈，我想喝水。

妈妈，我要尿尿。

妈妈，我忘记把乐乐（她的洋娃娃）送回家了。

妈妈，我还没向姥姥说晚安呢。

……

千言万语汇成一句话："我不睡觉"。这样的场景是不是特别熟悉？**大多数的问题行为，都是孩子在直接告诉家长："我不要听你的！"**

· 秘籍： 不要和孩子好好说话

有一位妈妈曾向我求助：孩子 4 岁，在幼儿园表现很好，但是一说到刷牙，简直就像上刑场。眼看孩子已经出现蛀牙，严重影响美观和口腔健康，可无论爸爸妈妈如何软硬兼施，孩子就是不刷牙。父母被逼急了，要"战斗"20 分钟才能完成刷牙的难题，有的时候甚至必须采取武力才能"镇压"小朋友的对抗。详细了解后，才知道这位妈妈平时工作繁忙，陪伴孩子的时间有限，沟通方式也是以斥责为主。

我给她的建议是"不要和孩子好好说话"。这位妈妈很费解地问我："什么是不好好说话呀？"其实，妈妈可以尝试用角色扮演游戏来吸引孩子合作。"我是一只大虫子，不刷牙的小朋友，我要把你牙缝里的糖果都吃掉……"或者用孩子最喜爱的超人牙刷来假装"虫虫特工队"消灭蛀牙，这样的戏码，孩子一定无法抗拒！妈妈将信将疑地回去和孩子试验，没有几天就收到了妈妈的反馈"晴天妈妈，你的方法太好用啦！**好好的话不要好好地说，游戏化育儿解决了孩子的很多问题。**"

你看，如果靠传统的大人式语言和孩子好好说话，估计到最后又免不了一场抗争，但是**"好好的话不要好好地说"**直接解决了孩子不爱刷牙的难题。

· 游戏，最好的"婴语翻译机"

我们平时都是如何和孩子沟通的呢？

常见的交流方式就是说教、命令、指责，有时候嗓子都喊哑了依旧没办法让孩子积极主动地配合我们，似乎除了打骂再没有别的选择。然而打骂更容易把亲子关系推向紧张的局面，表面上我们靠武力或者权威强迫孩子"服从"，但孩子的问题并没有一次性解决，同样的情

境再来一遍还是会故伎重演，**打了白打，骂了白骂，还很伤感情。**所有的育儿理论都在教我们"爱、接纳、尊重、倾听……"但我们还是会被情绪绑架，变回封建式大家长，靠"狮吼功"、"九阴白骨爪"和"打狗棒"来解决问题。

婴童的语言，就是"婴语"，**孩子就是靠游戏这种基础的"婴语"来探索和认识世界。**对于父母来说，我们要把对孩子的爱、赞赏、鼓励、期望，甚至设定的规则和界限，用玩耍翻译成孩子能理解、更容易接受的语言——"婴语"。因为玩耍是孩子的第一"语言"。**如果我们想告诉孩子什么，最好的方式是"玩给他看"，而不是"说给他听"。即便是说话，我们也可以"玩着说"或"说着玩"而不是说教和命令。**

除了刷牙可以变成"虫虫特工队"或"超人大作战"之外，当孩子拒绝穿衣服的时候，也可以尝试"小火车钻山洞"的游戏。撑好袖子或者裤管，问孩子"咔哒咔哒，哪辆小火车要钻山洞呀？"在我们线上线下的课程和工作坊里就有很多家长把起床、穿衣服、上幼儿园，甚至孩子很害怕的打针变成了好玩的游戏。不局限于游戏的内容、工具和形式。充分调动孩子的"笑点"，找到孩子最喜欢的游戏，举一反三。**发散性思维和逆向思维，是游戏的好帮手。**

· 无法表达的创伤，游戏可以治愈

　　除了游戏的发展意义、陪伴意义和沟通意义外，游戏也是很好的"非语言形式的表达和治愈手段"。作为心理治疗手段的一个重要部分，游戏治疗尤其是儿童游戏治疗的治愈力量已经被很多科学实验所证实。

　　珀迪游戏是 1989 年 2 月 17 日美国加利福尼亚州斯托克顿 · 克利夫兰小学枪击惨案的幸存者根据惨案事件改编的，行凶者帕特里克 · 珀迪（20 多年前曾在该校就读）在操场边上对正在课间游戏的上百名儿童进行残酷的大规模扫射，之后开枪自杀。警察赶来时，总共有 5 名儿童死亡，20 名儿童受伤。之后，克利夫兰小学的孩子们自发创造了珀迪游戏，与同伴及玩偶模仿甚至重演当时的事件，这是 7 分钟枪击惨案及其余波铭刻在孩子们记忆之中的众多表现之一。当时很多孩子已经明显呈现出创伤后应激障碍（PTSD，Post Traumatic Stress Disorder），甚至听到警车的警报声都会认为是突然袭击。

　　在这个事件中，游戏实现治疗的一个途径是自发产生的——至少儿童是如此，比如通过珀迪游戏。如果反复玩这些游戏，儿童可以像玩游戏一样安然地处理创伤事件。就像电影《美丽人生》中展示的那样，父子两人被纳粹党抓进了集中营，但是爸爸告诉孩子"我们在玩一个游戏，如果赢了可以得到一架真坦克。"最终孩子幸存下来。这样的体验，避免了让孩子100% 真实面对与年龄和理解能力不匹配的残酷，也让孩子能够活在自己的"假象保护区"里面，体验安全。

　　《情绪智能》这本书里就谈到创伤后的游戏治疗对儿童的治愈有两种途径，一方面，记忆在较低焦虑的情景下重复出现，降低了事件的敏感度，并使之与非创伤状态的回应产生联系；另一方面，在儿童的潜意识里，他们能够给悲剧改写一个更好的结局。在珀迪游戏中，孩子们有时候会杀死行凶者，这使他们恢复了"掌控力"，不再像创伤时刻那样陷入习得性无助，避免了自暴自弃。经历过严重暴力的孩子玩珀迪游戏是很自然的事。儿童精神病学家对受创伤的孩子观察了 5 年之后，发现受害儿童仍然会在游戏时重现绑架和受伤过程。比如，女孩子会和她们的芭比娃娃玩象征性的绑架游戏。有个女孩把她的芭比娃娃洗了又洗，因为被埋的时候孩子们害怕地拥挤在一起，别的孩子尿在了她的身上。另一个女孩扮演"旅行芭比"，即到处游玩的芭比娃娃，不管它到哪里，都会安全返回，这是游戏的重点。第三个女孩最喜欢的游戏情节是芭比娃娃陷进洞里，并且出现窒息。这几种类型的游戏重现，都让孩子重新设计、体验、想象自己该如何处理和面对自己的遭遇，并转化为成长的经验。

成年人经历了创伤事件，很容易变得麻木不仁，抑制对灾难的任何记忆或感觉，习惯于把自己封闭起来。但儿童的心理方式是不一样的，有研究者提出，**儿童很少像成年人那样对创伤变得麻木，原因在于儿童会通过幻想、游戏和做白日梦，回忆并重新思考他们所遭受的痛苦。**用游戏自发性重演创伤事件，似乎能够防止创伤被压制在潜在记忆中。

在现实生活中，如果创伤程度较轻，比如孩子痛恨的打针，或者到牙医那里补牙，一两次重演或者角色扮演就足够了。如果创伤非常严重，比如被虐待、被霸凌、被侵害等，孩子就需要不断反复，一次又一次以残酷、单调的形式来重演创伤事件。

对比摔跤、受伤等强烈痛感的伤害，成长中的创伤对孩子影响更大，就在于其中包含的无力、挫败、愧疚、自责、无助等负面情绪制造的心灵黑洞。很少人因为骨折而一蹶不振，但是太多人因为侵害而自暴自弃，也是这个原因。

如果孩子能够用游戏的方式去表达、演绎、呈现自己所经历的负面的事件、情绪或者感受，孩子的创伤就会被很好地治愈。能玩出来的，能笑出来的，便不再是伤痛。

游戏 Tips

0~2 岁：peekaboo "躲猫猫"

这个经典的游戏特别适合小宝宝，当他们还没有空间概念的时候，发现妈妈出现又消失，简直太有趣了。

用手或者手帕挡住脸，再"哞"的一下出现在孩子面前。保证你可以拥有一段停不下来的欢乐时光。

进阶版：把小玩具、小手或其他身体部位藏起来。可以帮助孩子认识不同的动物、玩具、身体部位。

0~2 岁：妈妈牌滑梯

妈妈坐在沙发边上，双腿笔直前伸，小朋友可以从妈妈大腿根顺着双腿滑到地面上。懒爸懒妈版的居家简易滑梯，只要孩子想玩耍，滑滑梯一定不会过时。

3~6 岁：骑马打仗

爸爸妈妈驮着或者背着小朋友，往前冲，假装和另外的家长或者孩子"打仗"。小朋友对于"快要打到别人"有非常强烈的喜爱，而且这样的"模拟攻击游戏"也会帮助孩子宣泄自己的负面情绪和感受。

3~6 岁：小火车到站了

让小朋友们坐着玩具车或者趴在妈妈身上，一边前进一边说"站名"，比如地点、站台、小朋友家等。"小火车到某某站了，准备下车的小朋友请下车。"

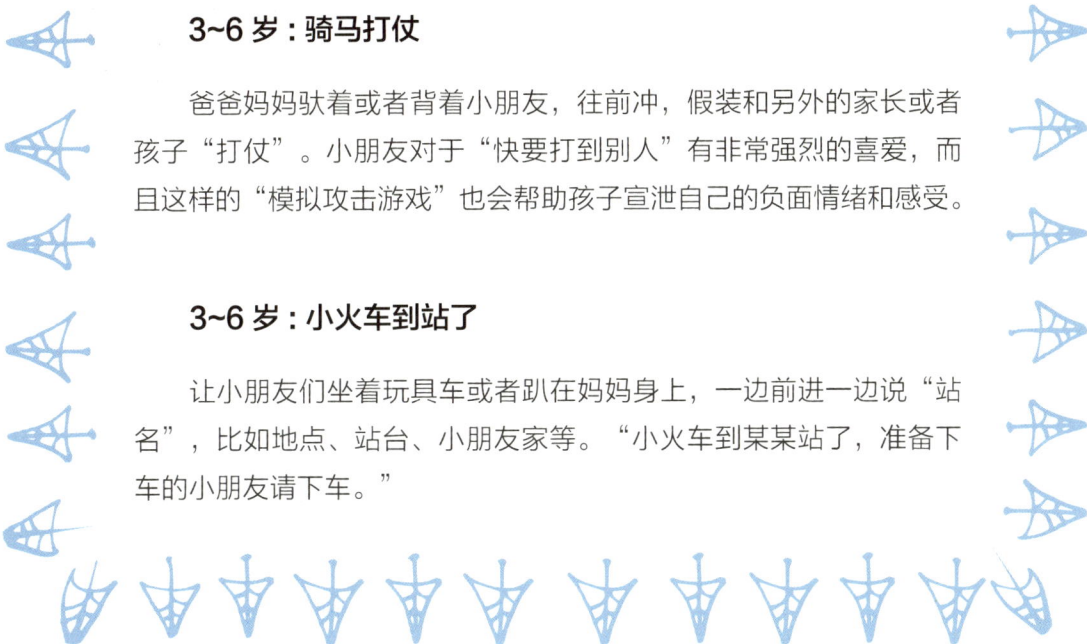

2.2

玩阅读，
讲出真善美

· 贵人语迟？很可能是"缺乏互动综合征"

　　朋友的丈夫工作繁忙，她成为了全职妈妈。有一天去她家做客，刚好 2 岁的孩子正在看动画片，她想下楼买菜，我起身正准备陪她一起带着孩子下楼，她说："亲爱的，不用管他，他自己看电视就可以，如果不叫他，能自己坐 2 个多小时呢。"朋友眉眼里分明充满骄傲。我一身冷汗，想长篇大论告诉她孩子这么小看 2 个小时电视多么不妥当，但还是控制住了。随后找了个借口："今天天气真好，阿姨带你去楼下玩一会儿。"这才把孩子从电视机前"请"了下来。

　　朋友一边下楼一边得意地说："我家孩子可省心了，给他看一个动画片或者 iPad 我干什么都可以，知道他爸爸忙就心疼我，天使宝宝啊，哈哈。"说完就把手机放到孩子手里。我全程沉默，害怕自己忍不住会指指点点，**因为妈妈想"省心"，就让"电子妈妈"长期**

代班，这么做真让人捏把汗。

没过几个月，朋友就急匆匆地给我打来了电话："亲爱的，我家孩子都 2 岁半了，只会说爸爸妈妈，别的都不太会说，马上要上幼儿园了，这可该怎么办啊？"我给她几条建议，无非是多和孩子聊天、看书、户外活动、社交等等，然而我知道朋友做起来太有难度了。不是"贵人语迟"天生说话晚，而是孩子缺乏有效的互动和语言交流。母亲已经习惯了"电子妈妈"带给她的省心和方便，多花一点点时间陪伴孩子，都会觉得太费力气。

很多科学研究已经表明，儿童过早使用电子产品的真正弊端并不只是视力伤害，而是注意力、学习能力、社交能力等多方面的副作用。美国儿科学会强烈建议 2 岁以内的儿童不要接触电子屏幕。尽管数字媒体发展飞速，2017 年官方把限制年龄降到了 18 个月，但是对孩子使用电子产品确实需要严加限制。我们之后的章节里还会再详细介绍如何"化敌为友"，把电子产品这头猛虎变成有趣有用的神助攻。

不难发现，真正有效的成长刺激，还是源于父母的陪伴和互动。亲子阅读，已经成为公认的可以帮助父母与孩子高效互动，并且可以促进孩子全面发展的有效媒介。

· 亲子悦读，做孩子的"领读者"

从我启动妈妈群的第一天开始，就有很多家长问："孩子总喜欢看电视和 IPad 怎么办？"

我总会笑着说："我家3年没开过电视了。"你们一定不相信，大把的时间，孩子都干些什么？除了各种丰富的游戏和活动外，孩子们最喜欢的亲子项目就是"阅读"。

认真读书的小千

女儿 2 岁半的时候就已经看了 500 多本书，两个儿子也是每天都有专属的阅读时间。我每天最重要的一项"工作"就是陪着孩子们一起"玩"书。

我们家到处都是孩子的书，客厅、书房、卧室、车上……好多书都被翻得破到不能再破……尤其当孩子们 1 岁左右口欲期的时候，越喜欢的书，越是被撕咬得不成样子。

有个妈妈说，那是你的孩子喜欢看书，我家孩子看不了 1 分钟就坐不住了！

其实，没有天生爱读书的孩子。书里的美好世界，绘本里的真善美都需要父母作为"领读者"带着孩子去发现。

有的父母认为，培养孩子看书的习惯至少要从孩子认字开始。其实不必如此教条——在孩子幼儿时期开始慢慢培养其学习意识和学习习惯，由爸爸妈妈带着"读"书——爸爸或妈妈抱着他一起翻看童书，同时讲述书中的故事，使孩子在聆听的同时，领悟读书的乐趣。

别说孩子看不懂或者读书无用。其实，胎儿从在母亲子宫里 5 个月开始便有了潜意识，可以通过外界的声音和刺激慢慢建立自己对世界的感知。由爸爸妈妈温柔、慈爱的声音给胎儿阅读或者唱歌，不仅仅是胎教，更是亲子关系建立的最好预习。

· 父母要会讲故事，更要会"演故事"

我身边有一个"超级学霸"家庭，爸爸妈妈就是阅读狂人，两个孩子 3 岁的时候就可以认得一些字，别说背唐诗和《三字经》，随便拿本看过的全英文故事书就能给我们表演一个情景剧。好几次求教，人家都说没什么秘籍，就是陪孩子一起看书，然后不停地重复，全家人把各种书都当作剧本来演来玩儿，不知不觉孩子就学会了。看来真的没有什么"天生学霸"，**套路不对，努力白费。让孩子爱看书这件事儿必须得用"宫心计"。**

01. 亲子阅读是以书为媒介的亲子互动

1. "动起来"是"读起来"的第一步

阅读不是孩子自己读，而是家长为孩子提供阅读的情境，实现以书为媒介的高质量亲子互动。 互动可以是多方面的，比如有很多儿歌童谣是可以一边读一边摇头晃脑拍手玩的。还有很多绘本可以设计成游戏，比如《好饿的毛毛虫》，每次我和 3 个孩子就一边爬一边演爬爬接龙游戏，孩子们觉得十分有趣。还有一些书读完以后可以和宝宝一起表演，比如《猜猜我有多爱你》，可以张开双手相互拥抱，甚至跳上跳下学小兔子蹦。还有一些艺术类绘本，比如《画画啦》，是可以读完用涂鸦的方式再次表现出来的，这需要父母和孩子一起开启想象力。

亲子阅读，一定不要抱有太多的功利性，要求孩子听完一本书一定要懂得什么大道理。每个孩子理解能力和接受程度是不一样的，每个孩子在亲子阅读中的表现也是不同的，父母需要做的是观察、陪伴、引导接纳和适时调整，而不是比较和急躁。 比如从《大卫不可以》这本经典的绘本中，有的孩子学会的是规则，有的孩子感受到的是主角搞破坏之后妈妈对他的爱，还有的孩子学会了模仿主角的不良习惯和淘气行为。每个孩子感兴趣的点都是有差异的，不能一概而论。无需过多的解释，图画和故事是最能打动孩子的，今天是这个点，明天或许是那个点，孩子会慢慢学习，会慢慢把这些独立的点连接成生活的面。父母通过和孩子反复进行亲子阅读，触动孩子内心的部分会越来越多，有一点可以确定的是，语言、社交、习惯、科普等知识，都是"输入－输出"的过程，耐心坚持，孩子总会从量变到质变，实现蜕变。

如果我们把绘本当作玩具，亲子阅读就是可以帮助我们育儿的"神器"，平时很难和孩子阐述的问题或者我们自己无法处理的事件，都可以在绘本中找到答案。比如亲子关系、安睡、饮食、如厕自理、拯救蛀牙、爱眼护眼、安全教育、抗分离焦虑、幼儿园不可怕、最美的友情、我很勇敢、我不生气、与幼儿谈性别、谈死亡教育等，总有合适的绘本帮助你处理育儿过程中的棘手问题。当孩子遇到一些阶段性的小问题小情绪时，适合的童书就是最好的解答，比父母讲大道理更有效。比如女儿在如厕训练期间，《小快活卡由》系列的绘本就给孩子示范了如何使用小便盆。很多次女儿忘记上厕所的时候，我都会用"卡由哥哥陪你一起上厕所好不好呀？"然后假装自己是卡由哥哥，这种"玩绘本"的方式，最终吸引女儿与我合作，帮助她养成自主排便的好习惯。

2. 分龄阅读，兴趣和爱好是第一标准

很多父母一直让我针对不同的年龄阶段、不同场合、不同情况，推荐一些相应的故事，比如：我的孩子 2 岁，需要读什么书？比如我的孩子不爱吃饭，需要读什么书？这让我感到很为难，因为在我看来，故事是无法分类的，我也从来没有分门别类地买书和选书。记得女儿 1 岁半的时候从隔壁上初中的小姐姐家门口的废书堆里找到了一本小学五年级语文课本，书中有《颐和园》等课文，只有几张插图照片，但是姥姥发现她总看着十七孔桥的照片，就尝试给她用照片来讲述课文，没想到女儿居然很快就可以复述课文里描写的景点。这件事对我触动非常大，对于孩子来说只要有图片、有情节、有兴趣，与年龄不匹配也可以产生阅读欲望。**家长只需要看到孩子阅读兴趣的"星星之火"就可以把这个小火种激发成强烈的求知欲和学习能力。**

大体上，选书还是有一些可以参考遵循的规律：

0~1 岁：摇篮曲、儿歌、童谣。

1~3 岁：主人翁是小动物之类的故事或绘本。比如小鸡、小狗、小猴子等，情节以单情节为主。

3~6 岁：主人翁是"人"或者"拟人化的动物"的故事或绘本。比如，名字叫提姆和莎兰的双胞胎小老鼠，再比如名字叫弗洛格的可爱的小青蛙。情节逐渐从单情节过渡到多情节，为孩子上学后的阅读打基础。

7 岁以上：以孩子兴趣为主的科普类、主题性、逻辑类书籍，不局限于图书类型，根据孩子的喜好和兴趣来自主选择。这个阶段的孩子以兴趣导向读书很容易成为"小书迷"。

孩子的认知能力、兴趣偏好等差异，会导致孩子有不同的阅读倾向。我女儿对于各种食物超级感兴趣，2 岁就喜欢 7 岁孩子都不一定看得懂的少字版本的《十万个为什么·食物篇》。而儿子们更喜欢车子，1 岁就迷上了人群定位在 6~10 岁的《DaDa 艺术启蒙》里形形色色的动漫汽车和涂鸦火车。所以**年龄只能做个参考，更多的是需要父母观察孩子的喜好和兴趣所在，再辅以好玩儿的陪读陪玩方法，相信孩子一定会爱上阅读。**

02. 亲子共读也需要"仪式感"

生活需要仪式感，亲子关系也是。高质量的陪伴也需要给孩子提供仪式化的场景和时间，让孩子全然地感受到父母的爱与陪伴。可以每天固定一个时间（考虑到孩子的生理特点，时间由短到长来安排），由爸爸或妈妈和孩子一起看书、讲书、表演故事情节。还可以在孩子提出问题时，有意识地引导孩子"咱们去书里找答案"、"咱们看看书上怎么说"，让孩子对书产生浓厚的兴趣，使读书成为孩子生活中不可缺少的一部分。尤其面对 3 岁左右"十万个为什么"一般不停发问的孩子，去书里找答案不失为很好的方法，可以训练孩子的解决问题能力。

没有不经过任何影响就能有"教养"的好孩子。儿童良好的行为习惯是由成人有意识地培养而成的，习惯一旦形成，就不易更改。正因为如此，父母应该充分认识到良好行为习惯是幼儿教养的重要一环，让孩子从细节之处阅读，成长为一个身心健康、内心和谐、社会情绪发展良好的人。

03. 真诚又有趣的"玩法"是最大的奢侈品

单纯靠对孩子说教就能养育优秀孩子的时代早就过去了，要用有趣有料、真诚好玩的方法才能让孩子在快乐的玩耍中成长为更好的人。毕竟**对于孩子来说，玩耍就是最好的学习，读绘本也需要好玩有趣的"玩法"。**

1. 逆向思维，用开放式提问让孩子"教"父母阅读。

允许孩子跳读是亲子阅读的必修课。孩子的思维非常发散、活跃，不像我们大人只关注逻辑和情节，孩子很容易被一个小动物、小图片或者书中主人公的表情所吸引。很多父母觉得孩子怎么翻来覆去只对某本书里的某幅图片感兴趣，无法完整看完一个故事，这其实是孩子的发散性思维方式决定的。我们可以一边看书一边问一些看似幼稚的问题，最好是能够用语句来描述而不是用"是"或"不是"就能回答的问题，帮助孩子理解故事，引导孩子的阅读节奏。

☆☆☆☆☆

"你看这张图画的是什么，妈妈不认识啊。"

"你最喜欢哪一页，为什么？"

"你帮妈妈找找 XX，是不是藏在书里面了？"

"这个故事是在谁家发生的呀？"

"你想当这个 XX 吗？"

　　孩子年龄越小，问题越要简单。对于稍微大一点的孩子选好一个场景或者细节，用开放性的描述性的语言展开内容，让孩子把想法逐渐丰富起来，引导孩子发现有趣的部分。比如我们家的小吃货们最喜欢的就是书中的各种食物，只要找到了就会反过来问我："什么口味的？""幼儿园老师做的还是妈妈做的？"之类的问题，这种问答的过程也是孩子自主思考的过程。诸如故事接龙、改编故事等小游戏，也会帮助孩子想象力大开，亲子阅读也更有质量和趣味。

2. 主角思维，让孩子自主决定阅读节奏。

成年人喜欢按照顺序阅读，孩子却有可能在阅读初期或者低龄阶段非常喜欢翻页，完全不按照顺序阅读。看看这一页翻翻那一页，寻找自己喜欢的内容。父母们很容易崩溃："我念着故事呢，宝宝先看这里，宝宝再看这一页，宝宝你等等妈妈讲完……"其实不按照顺序看书，孩子也可以获得更愉悦的阅读体验，比故事顺序更重要的，是呵护孩子的阅读兴趣，慢慢再渗透故事的完整发展，不是更好吗？小亿在 1 岁半的时候就总喜欢一个绘本里的毛毛虫叫"扭扭"，每次只要看到那本书就只想翻到有"扭扭"的那一页，然而年龄再大一些就不会执著在某个情景，而是更喜欢复杂的具有完整逻辑的故事。有时候我跳读了，偷懒想精简掉一些细节，孩子们还会提醒我"妈妈，你讲错了……"让我哭笑不得。

3. 把看书变成"玩书"，阅读才能真正提高孩子的"双商"。

书，不一定必须靠"念"的。如果孩子不喜欢传统的阅读方式，爸爸妈妈可以唱给孩子、演给孩子，把书里面的小故事都切割成与生活场景贴近的片段，比如要吃饭的时候分享吃饭的故事，要睡觉的时候分享安睡的故事……只要有心，总有一款适合你。

记得女儿 1 岁时很喜欢的一本书《爷爷一定有办法》里就有一段爷爷给小孙子缝衣服的情节："缝啊缝"。碰巧某天奶奶给家人缝被套，一边缝一边给女儿讲解。女儿很快就学会了缝东西的动作，还喜欢给我们表演这个场景，一遍一遍，乐此不疲。有一些专门设计的游戏书里面，关于挠痒痒、捉迷藏等肢体游戏的描述，也会让孩子更容易参与进来，大人孩子都很享受亲子互动的过程。当遇到"情绪管理"这一难题的时候，可以在《我的感觉》系列绘本中寻找方法，书中将难过、快乐、思念、自我评价、生气等感受描绘得细腻入微。有一次奶奶出差，女儿正看到书中讲"家人要出远门了，过几天才能回来"，她抹着眼泪看着我，拥抱着我寻求安慰。其实，**书中的高情商的人物，也就是小孩子想象中的另一个自己。**关于社会情绪学习和情绪管理方面的具体"玩法"，我们在稍后的章节里还会详细描述，图书是我们得力的"玩具"之一。

4. 引导孩子编故事，生活是最好的图书馆。

阅读不应该过于教条，生活就是最好的图书馆。逛超市、参观博物馆，甚至去菜市场和社区公园都是孩子成长中很好的场景化"移动图书馆"，孩子的吃喝拉撒等一切日常都是渗透亲子共读的好点子。比如我们在本书第一章中介绍的角色扮演、想象游戏等，都是帮助孩子把书里的场景演活的绝佳机会。我们可以用孩子的视角去创造属于他的故事，甚至引导孩子自己编故事，帮孩子留住创造力和想象力。孩子在编故事的过程中还可以体现出对于为人处事的态度、人际关系、生活常识等的理解。

回忆起女儿第一次给我编故事的场景，当时我蹲在她身边，她的小眼神若有所思"创作"的样子仍历历在目。一个小故事可以展示出 2 岁半的孩子对生活场景的认知、社会情绪技能的发展等多方面的能力。

附：2 岁 5 个月的小千坐马桶创作的故事之一

☆☆☆☆☆

从前，

有一副眼镜，

它领着叔叔。

然后，

摔了一跤，

生病了。

去眼镜医院吧，

医生把它治好了。

接着，

回家和杯子玩耍，

不小心，

咣当——

都摔坏了，

完蛋了，

妈妈生气啦！

黎巴嫩诗人纪伯伦的诗歌《先知》里有段话非常好，分享给大家。陪孩子"悦读"之前，父母也可以感受一下文字带给我们的力量：

你们的孩子并不是你们的孩子。

他们是生命对自身的渴求的儿女。

他们借你们而来，

却不是因你们而来。

尽管他们在你们身边，

却并不属于你们。

你们可以把你们的爱给予他们，

却不能给予思想，

因为他们有自己的思想。

你们可以建造房舍荫庇他们的身体，

但不是他们的心灵，

因为他们的心灵栖息于明日之屋，

即使在梦中，你们也无缘造访。

你们可努力仿效他们，却不可企图让他们像你。

因为生命不会倒行，也不会滞留于往昔。

你们是弓，你们的孩子是被射出的生命的箭矢。

那射者瞄准无限之旅上的目标，

用力将你弯曲，以使他的箭迅捷远飞。

让你欣然在射者的手中弯曲吧；

因为他既爱飞驰的箭，也爱稳健的弓。

3~6 岁：

龟兔赛跑

和小朋友分别扮演乌龟和兔子、或蜗牛和蛇、或自行车和飞机。最好是小朋友熟悉并且喜爱的两种速度不同的事物。设置好起点和终点，乌龟慢，兔子快，分别按正常情况、兔子病了、兔子睡了、兔子受伤了、乌龟开车了等情况表演，不仅可以比谁跑得快还可以比谁跑得慢。

饥饿的毛毛虫

小朋友一边爬，一边收集玩具做的"食物"，找到毛毛虫可以吃的食物。也可以换成孩子喜欢的其他小动物。

5 只小虫子

"大树下面有个洞，5 只可爱的小虫子"将一只手握成空拳假装树洞，另一只手的五个手指来表演"大虫、二虫、三虫、四虫、小虫"，

在"树洞"中钻来钻去。

故事接龙

爸爸妈妈和小朋友一起"重演故事"，一人一句或者一人一页，直到故事结束。

我的故事

让小朋友们选择一个主题或者情景，开始讲故事，爸爸妈妈可以跟据自己的喜好或者对孩子的理解，帮助孩子接一句，再让孩子继续接龙。最后讲完故事的时候可以和孩子一起回顾一下整个故事的开头、结局、主人公是谁、经历了什么。

2.3

玩艺术，
孩子的画就是孩子的"话"

· 孩子的画，会说话

对于美术方面的创作体验活动，我特别鼓励孩子们尽情尝试。即使孩子在体验初期，因为能力有限，无法绘制成完整的形状和事物，我也毫不在意，鼓励他们涂鸦玩耍。

我有三大"神器"助攻：

1. 画里有话，破坏力转成表达力和创造力。

2. 绘本图画书，图画是孩子美学启蒙的博物世界。

3. 创意美术，生活是最好的美育课堂。

· 画里有话，破坏力转成表达力和创造力

画里有话。画画与音乐一样有开发智力、激活大脑的功能，对于孩子来说更是语言的延伸。**很多无法直接用语言形式表达的情感与感受，都可以用绘画、涂鸦、美术创作的方式使情景重现。画作是孩子的"言外之意"。**可以帮助孩子实现情感宣泄，甚至创伤的修复。

平时女儿很喜欢社交，也极少展现出攻击性的行为。记得女儿刚上幼儿园不久，某天我突然接到了幼儿园老师的电话："小千妈妈，小千把小朋友的脸抓破了。"这把我吓了一跳，赶快向老师询问情况。原来是幼儿园要开亲子运动会，小朋友们排练做操，老师要求手拉手入场，小千和壮壮作为"排头兵"领队，小千可能不太喜欢壮壮一直拉着自己，生气之下就动了手，在小朋友脸上留下了"五指山"。我火速给壮壮妈妈打电话核实情况并且道歉，壮壮妈妈确认壮壮并没有明显的外伤，还告诉我壮壮平时比较听话，喜欢服从家长和老师的指令，很可能并不是小千单方面的"罪过"。

事情的真相比较清晰，一个不喜欢牵手的小朋友与一个服从指令的小朋友之间的肢体冲突似乎特别直接和简单。可是，女儿是怎么想的呢？

我当时觉得，此事必须分三步：弄清孩子眼里的事实，梳理孩子的情绪，帮助孩子面对伤害小朋友以后社交问题的解决。

然而，我该怎么和女儿沟通这件事情呢？女儿还不到 3 岁，虽然伶牙俐齿，但是这件事

情明显她也有情绪卷入，毕竟年幼，不见得可以清楚表达，直接提问的话我自己的警觉和预判很可能会对孩子有消极影响。这真是个难题。

我转头一看家里的涂鸦墙，计上心来。放学我把女儿接回家以后，就开始了"情景重现"。

我：宝贝，今天在幼儿园玩什么啦？咱们来画画你的幼儿园吧。（我随手画了一个方形，假装幼儿园。）

小干：幼儿园还不错，排练做操了。（女儿画了两条线，当作队伍。）

我：排练是干什么呀？你在前面还是后面呀？（继续假装不知道实情。）

小干：运动会，我和壮壮在第一排，手拉手。（女儿在队伍最前面画了两个不太成形的圆圈，当作小朋友。）

我：你们是领队啊，听起来好有趣。小朋友们走着走着，然后呢？（我假装很感兴趣。）

小干：我挠壮壮了。（女儿突然有点紧张地看着我。）

我：发生什么事情了呢？可以告诉我吗？（我摸着女儿的后背轻抚着她。）

小干：壮壮一直拉着我，我有点疼，想甩开，他还拉着我！

我：所以小干觉得很不舒服，有点生气对吗？（我帮助孩子命名和识别情绪，分析她的感受。）

小干：我有点不高兴，就挠他了，他还推我了！（这个时候女儿在涂鸦墙的"小朋友"处画了几个小线条，有些凌乱。）

　　我：妈妈听明白了，壮壮一直拉着你令你很不舒服，你生气了就挠了他一下。

　　千千：不是一下，脸上好几个红印子。你看——（女儿指着那几个线条，纠正我的错误。）

　　事情到了这里，结合老师和壮壮妈妈的解释，此案大概清晰。我看着女儿画的乱七八糟的"幼儿园运动会排练图"，第一步的弄清事实靠着画面基本达成了。我又继续询问，帮她完成下面的部分。

　　我：宝贝，你打算明天还去幼儿园参加运动会吗？

　　小千：去！

　　我：那你还要和壮壮手拉手吗？

　　小千：嗯……（犹豫片刻）拉！要听老师的话。

　　我：壮壮如果受伤了就去不了，我觉得他应该很难过！如果你被小朋友挠了你希望他做点什么呀？

　　小千：我现在不生气了，妈妈，我给壮壮发个语音吧？

于是女儿在我的协助下和壮壮发语音沟通，迅速和好了。在这个"案件"里面，我利用涂鸦墙通过间接演示的方法，重现了孩子经历的场景，帮助尚未具备成熟语言表达能力的女儿"画"出了心里话。

心理学领域有很多著名的投射性绘画测验，比如"房树人""雨中人"等，通过来访者的画面结构、用色偏好、画面关系等方面来推测验证来访者的人格特点、家庭状态、情绪感受等。从这个角度来看，画不仅是话，更是心理画。很多精神病患者、自闭症患者展现出来的画作风格与常人有明显不同，从画面线条、布局、比例等都能略窥一二。在网上知名的"原生画家"中也有相当一部分是因为情绪体验和精神感受特殊，并用绘画来展现出自己内心不一样的真实世界。

· 绘本图画书，图画是孩子美学启蒙的博物世界

3 个孩子都是阅读小达人，作为亲子阅读推广人，我给孩子选择书籍也是毫不含糊。其中最大比例的是图片精美的绘本、图画书等充满艺术元素的作品。从婴儿视觉神经发展的角度来说，长大的过程也是视觉能力越来越强的过程。刚出生的小宝贝只能看到被抱在怀里到妈妈乳房的距离范围内，1 个月大的婴儿只能凑合看到距离一尺远的玩具。从黑白到五颜六色，孩子对颜色的识别过程一般都要 2~3 年，大多数孩子要到 6 岁左右视力才能发育完全。

虽然发展有限，但是视觉语言是非常容易吸引小朋友的一种呈现方式。我们对于颜色的青睐与生俱来，孩子经常会被花花绿绿的图片、玩具、绘本所吸引，更多时候就是对其中的视觉元素感兴趣。每次只要我说："宝贝，妈妈来给你讲一本图画书，从前有一个……"孩子们的注意力就会瞬间被吸引。

图画书不仅仅是用图来注解文字，图片本身就是"会说话"的艺术形式，孩子不一定能理解文字或者故事内容，但是一定可以通过一张张图片解放自己的想象力，就像缓慢甚至静止的"纸上电影"，让孩子不断构想出自己的想象世界。

好的图画书很多，然而父母或者老师是不是直接拿来"照着念"就可以呢？在我们讲到玩阅读的部分有很多把亲子阅读变得有趣有爱的方法，知名儿童图画书专家松居直先生就曾列出父母或者图书管理人员选择评估图画书的 18 个标准：

1. 这本图画书，几岁的孩子可能会喜欢？

2. 这本图画书，是否可以让孩子从幼儿阶段喜欢到小学低年级？

3. 这本图画书，孩子会不会反复阅读？

4. 这本图画书，适合 5 岁以上并且听成人读过很多书的孩子。

5. 这本图画书，更适合男孩子还是女孩子？

6. 这本图画书，对哪类孩子有不可抗拒的吸引力？

7. 这本图画书，大人不喜欢，但是孩子会喜欢。

8. 这本图画书，读过《XXX》书的孩子一定会喜欢。

9. 这本图画书，故事很好，但是插图差了些。

10. 这本图画书，插图很有趣，但故事不丰富，没意思。

11. 这本图画书，故事不错，插图也进行了大胆的尝试，但有些孩子不能接受。

12. 这本图画书，大人觉得很有意思，但是孩子们不喜欢，很难走进故事的世界。

13. 这本图画书，选错了画家。

14. 这本图画书，和已经出版的《XXX》是同一系列，内容也类似。但是那本已经牢牢抓住孩子的心了。

15. 这本图画书，讲的是一个家喻户晓的民间传说，至今已经出版了很多版本。不过这次出版的图画书最好，以后会成为经典之作。

16. 这本图画书，开本太大，小一些也许会更好。

17. 这本图画书，故事和插图都有明显错误，不适合孩子看。

18. 这本图画书，意图不明，主题散乱。文字和插图都不好，简直就是成人自以为是的书。印刷、装订也差，版面设计也不行，封面全然没有吸引力等。

好的图画书不论是某个细节、某个动物、某个场景都有可能是打动孩子内心的部分。我们试着用"孩子的眼"来看待图画书，会发现每个宝贝喜好点如此不同。有时候我们认为很有教育意义的书，不一定是能让孩子产生共鸣的部分。比如，我女儿一度很喜欢《别跟陌生人走》里哥哥嘻哈青年的形象，她总是不厌其烦地让我演哥哥，她捧着绘本指导我的动作和服装。而儿子们则对《幼儿园的一天》里的一只叫"扭扭"的毛毛虫非常喜爱，每天都要看好几遍，看罢还要一起把头贴在地上开始演毛毛虫是怎么爬的，非常有趣。

孩子总是有看图说话的天赋，在识字之前，图画书里的精美图片就是孩子们的"剧本"，慢慢建构出自己的世界。现在让我特别欣慰的是，姐姐特别喜欢抱着弟弟给他们讲故事，看着一页页图片，不满 3 岁的姐姐就可以把一本本图画书里妙趣横生的情节展示给弟弟们。除了手足情深之外，孩子们在审美能力、想象能力、社交能力等方面齐步发展是最有价值的。

创意美术，生活是最好的美育课堂

现在很多人开始质疑单纯学习简笔画对孩子创造性的副作用，也有越来越多的家长知道审美能力和艺术价值不能靠技能练习来简单粗暴地达到速成。更何况，孩子的美术创作能力是随着身体运动、认知发展、逻辑思维、审美能力、创造能力、空间思维等多项能力的整体发展而渐进变化的，并非一蹴而就，不能用统一的标准去衡量。相反，**要给孩子的创造力和审美力适度"留白"，让孩子用自己的方式去创作。**

比像不像更重要的，是爱不爱。在艺术启蒙和培养方面，很多家长都会因为"强制训练"而把孩子的兴趣变成了负担，当孩子开始随意乱涂的时候，绘画材料的用途和使用技巧他并不了解，敲敲打打戳戳，涂涂抹抹蹭蹭，都是再正常不过的事情。然而家长们一贯爱干净，加上大人权威视角下对孩子表现不合理的期待，特别容易转为约束、批评和惩罚。

有孩子的人最懂的一句话就是"他还只是个孩子"，美术更是如此。科学研究表明大多数孩子都特别喜欢画画，但是从 13 岁以后愿意画画的人明显减少，难道不是因为家长和老师随着我们的成长越来越要求我们"画得好"，"画得准"，"画得像"吗？请允许孩子在艺术启蒙的道路上放飞自己，**爱上美术以后，再爱上美术课。**

罗恩菲尔德 (V，Lowenfeld) 是美国美术教育家，他认为儿童美术发展经历以下阶段。

1. 涂鸦阶段 (2~4 岁)。这一阶段是孩子基于肌肉运动的最早的图画，随后成为心理活动的表征。在这个阶段，儿童的绘画要经历一个从乱线涂鸦、有控制涂鸦到命名涂鸦的过程。乱线涂鸦是一种无控制的涂抹，各种各样的涂鸦包括无序乱涂、纵向乱涂和画圈。儿童在涂抹的过程中获得动觉经验。有控制的涂鸦表现为重复性画线或涂抹。命名涂鸦则是将涂鸦所获的图形与某个事物联系起来，并用该事物的名称来给自己的涂鸦之作命名。

2. 样式化前阶段 (4~7 岁)。在这一阶段儿童观察事物表现出强烈的自我中心倾向，并开始对事物进行象征性描绘，例如用圆圈代表人的头，或者"火柴人"。儿童所画的图形没有表现出远近、立体感，而且将自己看不到却知道的东西也画出来。

3. 样式化阶段 (7~9 岁)。儿童在这一阶段的绘画表现为用几何线条的图式来表现视觉对象，图画的内容受个人经验和兴趣的影响。儿童所画图画有以下特点：突出自己认为重要的部位；符号和图式的运用经常发生变动；表现出空间感。

4. 写实萌芽阶段 (9~12 岁)。这一阶段儿童的绘画开始脱离图式，转向对事物进行写实。图画中具有一定的空间感，表现出一定的透视关系，出现重叠形式，开始运用色彩来进行表现。

5. 拟写实阶段 (12~14 岁)。这一阶段儿童的绘画从自发的活动过渡到理性的活动。儿童在绘画时，力图逼真地表现事物，但并不十分逼真和完整。图画中出现明暗透视，且能根据远近和心境来运用色彩。这个阶段儿童开始审视成人或者艺术家的美术作品，并且临摹一些艺术品，对美术作品的评价中，已经包括对艺术风格的感受。

6. 青少年艺术阶段 (14~17 岁)。这一阶段儿童对艺术审美的敏感性和批判性都有所增强，多数学生丧失了对美术的兴趣，少数人能摆脱这一困境，向艺术性绘画发展。

根据儿童美术发展的阶段及特点，在每个阶段的创作中，孩子会自发地表现出感情、智能、身体动作、知觉、社会性、美感、创造性等方面的成长与发展的特征。美术教育应该相应地为孩子提供自我表现的机会，引起并维持儿童创作的动机，让他们自由自在地进行自我表现。在儿童美术的评价方面，罗恩菲尔德把儿童的感情、智能、身体动作、知觉、社会性、美感、创造 7 个方面的发展作为主观评价标准；把发展阶段、技巧和作品的组织 3 个方面作为客观评价标准。

表 1 罗恩菲尔德儿童绘画发展阶段

阶段	表现
涂鸦阶段 （2~4 岁）	幼儿刚开始涂鸦是一种无意识的反射动作，也无创作的意图。仅仅是享受肌肉运动的满足感，与笔涂在纸上的快感。但渐渐地，幼儿能发现纸上线条与自己动作存在某种关联，于是继续涂鸦，便渐渐发展出手眼协调、大小肌肉控制等与身心发展有关的涂鸦过程
样式化前阶段 （4~7 岁）	儿童开始有意识地作具象表现，能发现现实、思想与绘画之间的关系，因不断地接受新概念，故常改变其绘画概念与形象
样式化阶段 （7~9 岁）	此时期会发展出其本身固定的绘画符号，可称为图标。图标是形态概念的表征，代表儿童对视觉对象的一种明确概念，也是一种象征性的图形。若无特别的经验或刺激，此图示将会不断地出现 2～3 年
写实萌芽阶段 （9~12 岁）	此阶段是儿童绘画发展上具有戏剧化发展的时期，也是伙伴意识萌发的时期。图画的形状内容不再那么呆板，且描述较多环境的细节部分。由于生理发育情况已渐成熟，这一时期的儿童已能掌握较细腻的绘画动作，如软性毛笔的运用或是水分的控制
拟写实阶段 （12~14 岁）	此阶段儿童能作抽象思考，对自己的作品产生批评意识。也由于批判性自决能力增强，虽想如实表现，但未能充分作写实的表现，而渐渐出现"眼高手低"的情形。开始重视制作的结果而非创作的过程
青少年艺术阶段 （14~17 岁）	此时期儿童已成长为青少年，需面临身体、心智与情绪等方面的巨大变化，是青少年创作活动的危机时期。此时期的青少年已能作有意识的表现，对自己的作品持续增加批判意识。创造性表现遇到瓶颈，很多儿童甚至会失去绘画的兴趣

生活，就是最好的美学大百科。孩子喜欢，就让他尽情创作吧。哪怕他难免会搞破坏，甚至将原本整洁的墙面弄得乱七八糟，我们也可以尽量给孩子提供丰富的材料，引导孩子在不破坏生活环境的前提下任由想象力飞驰。绘画、涂鸦、填色、剪纸、粘贴、折纸、雕塑、捏泥、揉面团、涂鸡蛋壳、纸杯、粘毛线、卫生纸卷筒、涂纸箱、按手印……**一切生活中的材料都可以是孩子喜欢的美育课堂。**这一点上，我特别佩服女儿以前创意美术课的老师，每周都会用新奇的材料让孩子们感受不同的美术形式，颜料泡泡、手指画、吹画、泥塑、粘贴画、吸管甚至家里完全用不到的各种破箱子破瓶子，都可以变废为宝，在孩子手底下变成艺术作品。

我的一位法国美食家朋友是顶级的大厨，生活中也是一个有 5 岁中法混血萌娃的超级奶爸。他从小就鼓励孩子陪他进厨房，"玩美食"。孩子小的时候帮他洗菜、捏面团，大一些尝试切菜、打鸡蛋、准备烤箱等，厨房里生动有趣的玩具实在是太多了！别看他家的小萌娃还在上幼儿园，已经可以像模像样地做几道简单的菜品和沙拉，而且看起来都非常赏心悦目。**食物本身，就是生动的美育课。**

还有很多心灵手巧的妈妈们和孩子一起，春天剪纸、夏天做蝴蝶标本、秋天贴树叶画、冬天堆雪花城堡……**真实的世界，本身就是最丰富的美育博物馆。**

事实上，不需要天价才能玩艺术，把生活变得有趣就是最好的美学教育。妈妈们一定别忘了，让孩子先爱上艺术，再做刻意练习。玩耍起来，只要我们有一双爱美的眼睛，生活处处皆美育。

2.4

玩音乐，
节奏感是开智神器

伴着每天的晨光，在我家会进行有一件特别有仪式感的事情，3 个孩子每天起床后的"地板时光"就是随着音乐一起摇摆。从舒缓的轻音乐到激烈的交响曲，从静谧的自然音乐到聒噪的广场舞曲，孩子们似乎对音乐有着天生的热爱。还记得女儿小千刚出生的时候，每天洗澡时都有些躁动不安，一播放钢琴曲就瞬间伸展着肢体乖乖任我"摆布"。理论上，刚出生的小宝宝无法真正做到有意识地控制自己的肢体，但是音乐还是像有"魔力"一样，让她伴随着旋律一起舒展。孩子与音乐之间的情感流动，真是让人惊叹。

· 音乐，美感之外的多重意义

音乐，具有一定的社交意义。早在远古时代，人类就已经在日常劳作之外开始了集体舞蹈，并且逐渐通过篝火、舞蹈等音乐和肢体互动来进行连接，增进彼此的感情。载歌载舞，配合原始粗犷的打击乐器和弹拨乐器，逐渐形成原始的集体舞蹈形态，甚至宗教和部落仪式。像很多少数民族的"对唱"、"喊歌"、"斗舞"和"赛琴"等都是在通过歌声和舞蹈等形式进行社交。在今天，很多社交场合也会通过音乐、唱歌、舞蹈等方式吸引大家参与，实现"破冰"。对于孩子而言，音乐活动也更容易帮助他们融入社交环境，结识新朋友。

音乐，还可以提升孩子的语言能力和认知能力。语言学家的研究发现，学乐器可以延长孩子的语言敏感期，帮助孩子丰富词汇量和表达能力。除了很多乐器演奏需要左右手和左右脑的深度同步工作协调之外，音乐本身就是对空间认知能力和时间认知能力的极好开发。我在和女儿玩尤克里里的时候，眼睛看着曲谱，耳朵听着旋律，嘴中哼着节奏，左手按键，右手弹拨……身体的多种感觉通道全部被打开，负责这几个感觉的大脑部分也在高速工作，这种深度的沉浸式体验只有乐器能够带来。所以也有人说音乐是"全脑开发"的秘密武器。在日本特别流行的"左右脑手指操"，其实就是动用两只手的不同动作来锻炼左右脑及联结他们的胼胝体的发育。

音乐还有助于渐进提高孩子的听力、模仿能力、想象力、创造能力的全面发展。学习音乐当然不是一蹴而就的，和孩子的语言及动作的发展一样，需要经历动作表征、形象表征和符号表征阶段，孩子才能逐渐分辨更多形式、频率、美感的音乐类型。当然在这个过程中，孩子也会通过对旋律、情绪、节奏、歌词、演奏形式、舞蹈动作等的学习形成对音乐的模仿和理解，甚至孩子们还会通过音乐联想到一些颜色、场景、情绪、故事等，还可以即兴创造音乐，用这种情感丰沛的非语言表达形式"演"出自己的内心世界。有一次女儿因为帮弟弟们找到丢了的小火车被夸奖，特别高兴。我们就一起跳了一曲"高兴高兴"，还拿来了小吉他、小木琴、拍手玩具一起即兴表演。虽然完全听不懂小家伙们在唱什么跳什么弹什么，但是这种创作本身就很有感染力，欢乐情绪蔓延在空气中。

说到音乐与情绪的关联，音乐还有帮助孩子表达情绪的重要意义，是孩子情绪与语言的延伸。婴幼儿的语言表达能力发展尚不成熟，还不能足够说明自己的感受和想法，词汇和语言受限。这个阶段歌曲、音乐、即兴演奏都是孩子的"话"，父母可以通过孩子"玩音乐"的表现来感受孩子的情绪状态和精神世界。

音乐，还有疗愈孩子心灵的能力。音乐治疗是心理治疗领域非常受欢迎的一种疗法，对于各种类型的心理疾病和障碍都有很好的疗愈效果。科学研究发现，通过音乐的节奏和韵律，可以增强孩子与别人共情、感受情绪的能力，影响孩子的情商和社交表现。孩子在生活中无法直接表达的情绪，通过音乐可以得到充分的抒发和释放。

· 结缘，比技法更可贵的是兴趣

我是一个"兴趣导向"的人，在孩子音乐启蒙的道路上，我也一直坚持一点：比孩子学好，更重要的是爱好。

作为一个资深"老玩童"，我从小就喜欢各种各样的乐器。自小便于音乐结下不解之缘，因为听到隔壁邻居家的姐姐天天练《春江花月夜》而对琵琶痴迷不已，哭着喊着让爸爸妈妈给我报名学琵琶。面对价格不菲的乐器和高昂的学习费用，一开始大人都觉得我是 3 分钟热度很难坚持，然而在我几经央求之下不得已从了我的意愿允许我"玩玩看"，没想到我居然不管严寒酷暑、生病与否，一次课都没有缺席，坚持学了 9 年琵琶。考级、参加演出、在学校组织民乐队……直到高考前冲刺的几个月，还去参加业余比赛，不仅没有影响学习成绩，还让自己在大学的时候有很多"炫技"的机会。毕竟一个兴趣，可以通过刻意练习变成特长，带来的成就感和价值感对于孩子一生的发展也是大有裨益的。

在孩子们很小的时候我就选择很多有声音的玩具、简易乐器让孩子们玩耍。女儿刚满3岁的时候已经可以用尤克里里、小木琴、小键盘弹奏《小星星》之类的简单歌曲。我一直反对过早对孩子进行"音乐训练"。

强迫训练不一定能出天才，但很可能把孩子的兴趣变成了厌恶。

当然让孩子早接触，培养兴趣为主还是很鼓励的。我曾经做过一个小范围调查，有一些睿智的妈妈从小就在孩子身边唱歌跳舞玩乐器，孩子耳濡目染，更容易喜爱音乐。

对于3岁以上精细动作能力发展较好的孩子可以尝试简单的乐器演奏，对于3岁以下的孩子，听音、拟声、简单的打击乐器都是非常有效的音乐启蒙。

· 音乐启蒙，好玩比好听更重要

音乐启蒙必须是好玩的，对于孩子而言，音乐是最有趣的游戏之一。在接触音乐的最初阶段，家长不要强调准确、标准，或者不要为了音乐训练而玩音乐。允许孩子用自己的方式随意和音乐互动，比如第一次弹钢琴，指法造型都不重要，孩子第一次全然感受手指放在键盘上发出的不同旋律，用耳朵听到键盘发出的不同音符，用眼睛看到黑白琴键上的颜色差异，用嘴巴跟着音阶哼唱 do re mi，**这种多感觉通道与音乐初体验的"相遇"本身比用学院派的方法更容易激发孩子的兴趣。**很多低龄孩子的音准、音高、乐感发展和成人很不一样，即使没有经历变声期，过早的程式化训练远不如孩子因为兴趣而哼唱更容易让孩子对艺术"沉迷"。

· 先爱上音乐，再爱上音乐课

很多家长困惑，自己是"音盲"，或者自己五音不全没有音乐功底，孩子是不是就不能进行音乐启蒙？其实，父母的音乐基础并不重要，亲子陪伴和互动的过程是孩子音乐启蒙中最重要的事情。孩子通过父母的语言反馈、情绪、眼神、态度感受到自己的价值，这个过程也是帮助孩子形成积极的自我评价的过程。不论孩子唱得是否完美，父母的肯定和支持，就是孩子自我感觉塑造过程中最重要的参照物。哪怕孩子真的没什么天赋，父母允许孩子自由地用自己喜欢的方式与音乐发生连接，就是最好的音乐启蒙。

生活，皆音乐。一切场景都可以用音乐来玩。音乐素材不一定是课堂里的，更多的是源于生活，比如敲击杯子，听不同玩具掉落在地上的声音，用《两只老虎》的音乐旋律编所有的习惯歌谣或者故事……都是极好的生活化音乐学习。我为孩子们创作了《千万亿之歌》（背景音乐参考《两只老虎》），每次都会逗得他们哈哈大笑。

三个小孩儿

三个小孩儿

跑得快 跑得快

一个叫做小干

一个叫做小万

还有小亿 还有小亿

还有《哈巴狗》和《小兔子乖乖》，从孩子们刚刚可以发出"汪汪"的单字声音的时候，每次唱歌断句小朋友们都会学小狗和小兔子的样子蹦蹦跳跳地配合我表演。等到姐姐长大一点了，她还可以自己带着两个弟弟完成一些曲目，自发的相互配合，摇头晃脑非常有趣。

音乐启蒙，给孩子提供丰富的刺激。音乐多样化是早期音乐启蒙需要注意的，让孩子充分体验多种音乐形式和乐器种类，尤其是低龄孩子培养兴趣多过于强制练习，找到孩子的兴趣点比揠苗助长更有意义。比如我尝试过自己擅长的琵琶、埙、键盘、木琴……最后发现姐姐对于尤克里里和口琴的喜爱超过了我推荐给她的几种乐器，弟弟们则对听着快节奏音乐跳舞、打击架子鼓更感兴趣。有时候"走马观花"孩子才能有机会在众多的选择中找到自己喜欢的，再通过练习把喜欢的变成擅长的，获得更多的成就感和价值感。

鼓励孩子打节拍，节奏感是开智神器。 音乐节奏化是帮助孩子智力发育非常重要的方式。很多人推崇右脑音乐、莫扎特钢琴曲等"开发智力的神话"并没有什么玄机，关键在于韵律节奏感，方便大脑的记忆，而不是因为音乐本身。大脑的记忆也是有规律和套路可循的，就像很多歌曲虽然并不那么优美，但是节奏感太强，有"洗脑"一般的神效，就是因为利用了大脑的 bug（漏洞），一遍又一遍高频的节奏输入，总有一句被你记住。所以鼓励孩子多听律动感强的音乐，打节拍、拍手跺脚、蹦蹦跳跳，是很有助于智力开发的。比如大家熟悉的《幸福拍手歌》一边唱一边拍一边跳，这种互动感和律动感十足的歌曲非常推荐。现在我们是不是能理解，为什么小孩子不喜欢钢琴曲、轻音乐却迷上了广场舞曲了吧。

作为音乐启蒙，**创意音乐讲究的是"不拘一格玩音乐"，**音乐种类、形式、来源、选材都可以多样化。比如敲打杯子、撕报纸、口技、打击乐、管弦乐、民乐等都可以作为体验。我曾经带女儿去剧场观看了久负盛名的声音儿童剧《回声超人》，几位艺术家只凭借十几种打击乐器和手脚、嘴巴，就完成了一场声音秀，可谓震撼。女儿回到家就带着弟弟们开始玩 B-box（beatbox），敲地板、跳踢踏舞、咕噜噜噗水。听着孩子们笑成一团，我觉得音乐的力量真是很强大，把大人和孩子用最快乐的方式连接在一起。

2.5

玩诗词，
打开孩子的记忆宫殿

　　看过电视剧《神探夏洛克》的人都会对福尔摩斯的记忆宫殿印象深刻，主人公过目不忘，随时可以把记忆中的知识和细节重新调出来，就像开启了大脑百宝箱。这样的超能力，谁不想拥有？

·诗词，打开最强大脑

　　记忆宫殿是指要创建自己的记忆建筑，里面的路线、物体、格局都要非常清晰，这需要用强大的想象能力去构造，并且要不断强化自己的宫殿，不断加深熟悉。再把要记住的东西用想象、连接的方式放在对应的宫殿位置，随时调用备查。

　　"超记忆力"的核心方法有声音记忆、图像记忆、文字记忆和数字记忆。小孩子都依赖于声音记忆，而声音记忆是孩童时期比较有效的一种学习方法，等到了一定时期，声音记忆效果就大大减弱了。

除了提高记忆力、开发右脑之外，培养专注力与想象力是记忆训练最强的功能。其实在记忆学领域，除了记忆宫殿外还有很多方法，比如快速阅读，思维导图，潜能开发等。

对于孩子最擅长的声音记忆来讲，诵读诗词这种兼具韵律和节奏感的"记忆友好型"学习非常符合大脑的机制。很多不识字的儿童，读几遍就可以背诵《三字经》、唐诗等，即使根本不理解诗词本身的意义，孩子还是可以顺畅地背诵，摇头晃脑，很有诗人风范。之前在新闻中看到小女孩不到 3 岁会背诵几百首古诗，看似像"忽悠"，其实孩子的记忆有时候就是这么"开挂"。**对于孩子的"记忆宫殿"来讲，诗词真的是一把神奇的万能钥匙。**

· 诗词，是最美的语言

诗词之美，是跨越年龄的。不仅在或曲径通幽或柳暗花明的意境、或豪放或婉约的风格、或真切或虚幻的奇观、或幽怨或轩昂的气质，单单是平仄的韵律和朗朗上口的节奏感，就让老少读者神往不已。

诗词和歌舞本来就自成一体。诗词起源于上古的社会生活，是因劳动生产、两性相恋、原始宗教等而产生的一种有韵律、富有感情色彩的语言形式。《尚书·虞书》："诗言志，歌咏言，声依咏，律和声。"《礼记·乐记》："诗，言其志也；歌，咏其声也；舞，动其容也；三者本于心，然后乐器从之。"早期，诗、歌与乐是合为一体的。诗即歌词，在实际表演中总是配合音乐、舞蹈而歌唱，后来诗、歌、乐、舞各自发展，独立成体。

大脑对于诗，可以天然识别。孩子读诗的时候不一定能理解在读什么，但是科学家的研究发现，不管是否知道在读诗，大脑都会做出相应的反应。比如"床前明月光，疑是地上霜，举头望明月，低头思故乡。"这样的"XX/XX/X"节奏非常鲜明，就像音乐节奏一样，句式齐整，平仄交替，对仗押韵。节奏和韵律的美感对孩子的语言认知能力、社交能力、听力、想象力、创造力、模仿力、情绪表达能力等方面的发展都很有帮助。

很多孩子在识字和懂道理之前，就会背诵诗词，依靠的就是朗朗上口的词句带来的高效记忆策略。

·诗词接龙，助力记忆

我是很爱读诗的，孩子们很小的时候偶尔会诵读几句《诗经》或者唐诗宋词，倒不是想教孩子出口成诗，只是觉得他们很喜欢我一边拍手一边诵读一边摇头晃脑。女儿1岁半的时候，有一次我对着饭桌上的饭说"粒粒"，女儿立马补了一句"皆辛苦"。我突然意识到，可能孩子学会了"自动接诗"。

很多人对于"遗忘曲线"——"艾宾浩斯遗忘曲线"非常熟悉。我们都非常容易记住离此刻更近的事件或者信息，对于久远而且未经重复的信息大脑会自动认为是无关记忆而自动"清理内存"。好多人在考前突击背诵词汇特别高效，然而没过多久就会遗忘，"把当年老师教的都还给老师了"就是因为瞬时记忆不加以关联和重复，信息很容易被大脑遗忘。而只有与自己经历关联度高、多次重复的瞬时记忆才会逐步变成大脑容易深刻留存的长期记忆。诗词这种短小、韵律感强、节奏感强的内容是特别有助于大脑形成瞬时记忆的。

一开始就让孩子大段背诵诗词是不现实的，可以尝试多次诵读熟悉以后适度停顿，妈妈讲前半句，孩子接下半句。比如妈妈说"鹅鹅鹅，曲项……"孩子自动就会补上下半句。慢慢地从半句到整句，整句到整段。如果能一边表演一边摇头晃脑诵读，这样的接龙游戏会更容易帮助孩子的瞬间记忆变成长时间记忆。

·多感觉通道玩诗词，打开记忆宫殿

我们一直鼓励父母不要拘泥于形式和内容，多用孩子喜欢的方式来给孩子"加戏"。记得盛夏和孩子们去颐和园游玩，整个湖面都铺满了绽放的荷花，空气中都是夏日的清香，昆明湖边散步恰逢微风拂面，突然兴致来了给孩子们念《采莲》："江南可采莲，莲叶何田田，鱼戏莲叶间。鱼戏莲叶东，鱼戏莲叶西，鱼戏莲叶南，鱼戏莲叶北。"念起来涉及到好几个方位词，特别容易弄混乱，正发愁的时候，我突然想起来我可以自己来当江南的鱼儿。于是鼓着腮帮子开始按照"左右下上"的顺序开始扭来扭去游啊游，几次下来1岁多的双胞胎弟弟了解了鱼的形态，姐姐知道了鱼戏莲叶"间、东、西、南、北"都是什么概念。而且还可以和我一边诵读一边表演，这种视觉、听觉、触觉、味觉、嗅觉多管齐下，打开多感觉通道记忆，相信孩子更加有沉浸式体验的浸润之感。

·能演出来的诗词，更好玩

诗词本身就具有音乐美，在前面的篇幅里我们也描述了音乐的神力，二者结合起来不仅有趣，更能开智。很多古诗词都特别适合唱出来，有一些本身就是歌舞曲。

比如《声律启蒙》、《蒹葭》、《水调歌头》等，都是耳熟能详且方便记忆和互动的诗词。

不光是载歌载舞，**诗词本身，就是表演。能演出来的，一定不要只停留在背诵。**除了文字游戏，这种生动且充满韵律的文学艺术形式更包罗万象。

其实传统文化的美，不只是死记硬背，结合生活中的场景、节日、节气甚至日常事物都可以是真实的"诗词大会"。春天到了可以演一段《春晓》，清明时节可以来一段《清明》，七夕念一曲《鹊桥仙》，中秋唱一句《明月几时有》……**诗词不是炫技，诗词本身就是生活。**

游戏 Tips

3~6 岁：诗词接龙

爸爸妈妈起头，孩子接龙背诗词，可以一人半句，也可以一人一句，还可以一人一首。对于大一点的孩子，可以设定"节日、季节、风景、动物"等主题来进行诗词接龙。

2.6

玩运动，
四肢发达，头脑更不简单

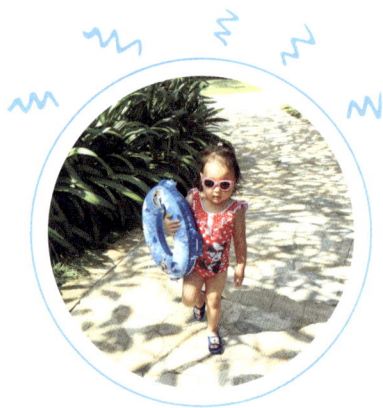

近些年，城市中的肥胖儿童越来越多了。不仅是中国，西方国家也意识到了儿童肥胖的危害。居高不下的身体健康风险，对智力发展、心理发展、社会交往都有直接的危害。各国纷纷通过设计有趣的运动游戏课程和活动，吸引孩子们动起来。在 1989 年，美国就发起了 SPARK 体育（Sports,Play and Active Reacreation for Kids Programs），在美国的 22 个州 3500 所学校广泛开展了这个项目。将游戏和体育活动、休闲娱乐有机结合起来，而不是单纯的竞技体育。运动游戏又好玩儿又开发智力，特别适合孩子。

人类的运动史和人类历史同样漫长。从原始的爬行状态到直立行走，最初的运动是为了生存，如猎取食物、躲避猛兽袭击等。而现在的运动和体育形式，更加休闲和灵活，几乎涵盖了当今每个人所喜爱的活动，如高尔夫球、保龄球、网球、台球、游泳、攀岩、蹦极、滑板、轮滑、摩托车、游艇、射箭、赛车、帆船、飞镖、冲浪、越野、滑翔、漂流、野外生存、探险、登山等。不仅俘获了很多成年人，而且吸引了很多孩子早早加入"运动启蒙"、"时尚运动"、"极限运动"中来。很多早教课程的设计，也离不开"律动"、"体适能"等相应的运动关键词。

我以前一直认为"四肢发达头脑简单"是个真理。好像所有的体育老师或者健身达人都应该是"傻大个儿"或者"大老粗"。后来随着认知能力的发展，自己学习了很多脑科学和心理学的知识，彻底颠覆了我对于运动的误解。

· 运动不仅能改造身体，还能重塑大脑

毋庸置疑，运动让我们更健康。但是，大多数人不知道原委。我们仅仅认为运动帮助我们释放了压力、减轻了肌肉张力、增加了内啡肽，其实血脉贲张时让我们愉快的根本原因在于，**运动使我们的大脑处于最佳状态。**更别说运动本身就是行走的荷尔蒙，具有美感和吸引力。

运动可以帮助我们提高心智和智商，让我们更健康、更聪明、更幸福、更快乐。美国哈佛大学副教授约翰·瑞迪通过研究发现，长跑 1600 公里与服用极小剂量的白忧解或利他林一样，可以提高神经递质水平。更深层的解释是，运动使大脑中的神经递质和其他物质之间达到了平衡，这种平衡能帮你改善生活。**"活泼好动"，**这么说来好动的孩子真的更活泼，**因为运动使人快乐。**

· 运动能力，孩子学习成绩的预言家

孩子表现出的运动能力还能帮助家长预测孩子的认知发展能力，因为脑科学的研究也证实了人在运动的时候所需要激活的脑区，在很大程度上，和进行认知活动的脑区是重合的。所以无论是锻炼心肺功能的粗大运动，还是帮助培养专注力的精细运动，都能让孩子们"四肢发达，头脑更不简单"。也有研究证实，很多运动能力低下的学生，在数学和阅读测验中更不容易获得好成绩。

德国经济学家席勒曾说："游戏是剩余精力的无目的使用，这种剩余精力的发泄活动，给人带来松弛和愉快感。"游戏和玩耍，本身是一种内部动机引发的，融娱乐、情感、超越、规则、自律、公平、模仿、虚拟生活体验为一体的自主性活动。**动起来，其乐无穷。**

根据孩子的不同年龄段，我们可以有针对性地给孩子制定锻炼方案，帮助孩子在各自舒适区和就近发展区获得愉快的运动体验。比如小宝宝从抓握、俯卧抬头、翻身、坐立、爬行、站立、行走到跑跳，遵循从头到脚，从上到下的规律慢慢实现大范围的自主活动。比如拿一个皮球游戏来讲，孩子从躺着就可以啃咬抚摸，会翻身以后还会追着球练习爬行，再到踢球拍球，甚至多人传球，每个阶段都有很多乐趣。

· 运动能力开发，万能游戏玩起来

球类运动游戏非常经典，一颗球能陪孩子从小玩到大，单个孩子到一群孩子都可以互动。运动的玩法可谓千变万化，很多家长还研究出来通过改装地垫做隧道、堆叠纸尿裤当跨栏、拿纸箱子做小汽车等方式让孩子打开运动的"暗能量"，把生活中的物品化为运动道具。我也推荐几个私藏的运动秘籍。

1. 撕纸，最执著的运动。不管多大年龄的孩子，撕纸都是他们精细动作发展过程中最执著的体验。记得孩子们很小的时候，漂亮的绘本经常被突如其来的"摧花妙手"撕得支离破碎，姥姥天天跟在孩子们身后粘书修补，非常让人头疼。后来我找到了很多闲置的杂志和报纸，和孩子们玩"下雪"和"天女散花"的游戏，一边撕一边撒，笑声中自己和孩子们都玩得非常开心，玩完一起再"送雪花回家"。有时候还会玩"进阶版"，比赛看谁撕得最小，或者看谁可以撕出小狗、桃心、棒棒糖或者一切想到的事物。再难一些，还鼓励他们把撕出来的纸揉成小雪球，或者粘贴在纸上做手工。这样孩子们既不用破坏书籍，又在精细动作方面得到了发展，一举两得。

2. 气球，最多变的道具。每次出门玩耍，我都会随手带一些小气球，不吹的时候当皮筋和小弹弓，吹起气来可以捏、可以踩，可以当作排球、篮球、乒乓球，适合追打跑闹跳各种大动作运动。气球装满水还可以当作"水弹"砸在地上当地雷，气球装满颜料混合水还可以在空白大画布上作画，甚至在头发和毛衣上蹭几遍气球，产生的静电还可以使它吸在物体表面"大变魔术"。每到风和日丽的周末，社区的孩子们都会围在一起和我玩气球，气球这个道具可以说集合了各种物理学和运动学原理，特别适合亲子互动和科普学习。

3. 堆积木，最进阶的运动。孩子从学会扔东西开始，就会对积木感兴趣。积木是全世界孩子的最爱。推倒重来或者一颗两颗积木慢慢搭建，再到搭出一个城堡王国，整个过程都伴随着手眼协调能力、精细动作发展和认知能力的飞跃。再好玩一点，积木可以堆成格子、城堡、障碍物，姐弟们就经常堆成蜿蜒的山路或者路障，蹦蹦跳跳地玩"越野"的游戏。

4. 开车，最万人迷的运动。没有不喜欢车的孩子，尤其是小男孩。除了我们认为会影响孩子发育的学步车以外，自行车、滑板车、平衡车、小推车等各种车类游戏都特别适合孩子玩耍和运动。

5. 做家务，最全面的运动。除了帮助孩子培养责任心和问题解决能力等软实力以外，做家务堪称最容易开脑洞、最多新鲜感、最让父母纠结的一种居家运动了。大动作训练比如扫地、拖地、擦玻璃，精细动作训练比如洗菜、择菜、捏面团、包饺子，每一种家务都有很多的运动关键点可以挖掘。一边玩、一边训练，还能减轻家长的家务压力，听起来就很不错。别总觉得孩子做得不够好，这里面的学问很大，小家务带动大能力。

6. 健身，最温馨的亲子运动。运动，离不开健身这个话题。女人这种"不是在减肥就是在准备减肥"的"微胖界泰斗"，总是不放弃追求更美好的姿态和形象。最近大热的亲子瑜伽、亲子运动项目为"左手带娃，右手健身"提供了更多可能性。很多明星父母也是亲子

运动的绝佳代言人，孩子是非常好的"杠铃"、"瑜伽砖"或"沙袋"，这种"人肉道具"又萌又方便。何况一边健身一边哄娃，两不耽误，大人小孩都会特别享受这样的温馨时刻。我女儿不到 1 岁的时候就知道坐在我和奶奶身边练习瑜伽，还会好几个姿势，甚至经常自己学着"吸气"和"呼气"，好玩儿极了。

7. 打闹游戏，最有力量感的运动。追打跑闹跳，不仅是孩子的最爱，更是爸爸发挥自身优势的最佳选择。这种高强度"放电游戏"，不仅让孩子迅速消耗体力、释放压力、消除负面情绪、增强运动能力，帮助孩子获得力量感和控制感，而且是非常高浓度的亲子陪伴时间。在这种高强度互动中，身体的直接对抗还能帮助孩子和大人重新一对一紧密连接起来。

运动不一定都是竞技运动，我们也不是真的要让孩子都去拿金牌，可是运动带给孩子的好处是显而易见的。千万不要让孩子"快别运动了，赶快做作业吧。"要知道，**运动能力强的孩子，更聪明！**

2.7

玩旅行,
大自然是最好的老师

小时候,我的父母经常带着我到处去旅行。自驾走过全国 10 万多公里,最东到达威海,最西到达嘉峪关,最南到达三亚,甚至在高考前几个月还休假一个月去环东南亚旅行减压。等到我上大学的时候,跑到遥远的珠江三角洲求学,还经常一个人飞到异国他乡实习、旅行。我对旅行的偏爱是始终如一的。有孩子以后更是抓住一切带孩子出行的机会,不分远近,只要出门就是愉悦和欣喜的。

很多人会质疑,孩子 3 岁前不记事儿,没有"记忆",带出门很辛苦,不应该费钱费力带孩子"折腾"。其实孩子不是真的没有记忆,而是没有"自传式记忆",不能像成人一样清晰地阐述出自己的经历,并不是感受和体验的自动清除。孩子更不是突然一下,从 3 岁起才真正成为有记忆有知觉的人,而是从一出生就开始接受丰富的刺激和多感官的体验塑造而成的。除了日常的居家养育所提供的刺激,**旅行是最立体、最深度、最直接的沉浸式成长体验。**

· 亲子旅行，不仅仅是看风景

　　新东方创始人俞敏洪曾经分享过自己的一次海外旅行见闻。他去的地方是世界上最宽的瀑布伊瓜苏瀑布，位于阿根廷和巴西边界的伊瓜苏河上。他决定坐船去河上看瀑布。有两种选择：一种是在河上坐船，离远一点看；另一种是直接开到瀑布下面去，船也变成了结实的大橡皮艇。他选择了第二种。和他同在一条船上的有一对外国夫妇带着 2 个小孩，小女孩 3 岁左右，小男孩 1 岁多。橡皮艇开到瀑布下面时，外国夫妇一人抱一个小孩，浑身湿透，承受着水的冲击。回程中，船遇到大浪，水一度淹没整个橡皮艇，俞敏洪也被呛了一口水。上岸之后，俞敏洪看到外国父母把两个孩子放下，帮助他们脱下救生衣，孩子也露出了笑容。此景让他感慨："这样的孩子成长起来，抗打击能力和冒险能力也会水到渠成。外国人这样培养训练孩子，其实是让孩子养成独立、自由、勇敢的习惯，不仅是身体的健康，更是精神的强大。"

　　旅行对于孩子来说，就是一个完全不可预测的真人版"逆境求存"挑战。**家庭提供的是安全与熟悉，而旅途则是未知与差异。**不管是环境、规律、作息、食物、气温，甚至语言等文化习俗都可能与日常生活中受到的刺激完全不同。**旅行中的多元刺激，对于孩子的认知灵活性的发展有非常大的促进作用。**

　　很多家长好奇为什么有的孩子脑筋灵活，特别八面玲珑，遇到问题总能找到多种解决方案，其实这样的孩子就是具备了较高的认知灵活性。旅行中各种行程变化、衣食住行的不同、父母情绪状态与平时工作日的焦虑相比更加平静和愉悦，这一切对于孩子来说都是反常态、非常规、不确定、轻松愉快的，这种差异对于孩子包容事物差异和未来随机应变解决问题的能力都非常有帮助。爱旅行的孩子，智商和情商也更高。因为看到世界各地不同人生活的不同状态，孩子更不容易盲目比较，强求"别的小朋友都有"自己也要有，而会从心里接纳"生而不同"，对于各行各业、各种生活状态和思维方式的人事物更易接纳和包容。

可以说带孩子出行，不仅是对于大自然的丰富认知，对社会多样性的感受，对表达丰富性的感知，对人与人之间差异性的觉察，更是培养心智的翻转课堂。

· 选择出行方式，避免乘坐飞机"压耳朵"

关于带孩子长途旅行，父母最关心的是：宝宝多大年龄坐飞机合适？专业资料显示是出生 14 天以后。在女儿不到 1 岁的时候，我们全家去港澳地区旅行，为了避免飞机耳压给孩子带来痛苦，特意选择了乘高铁出行。女儿 3 岁前几次出门基本是自驾或者乘坐高铁，去三亚是女儿第一次坐飞机，我担心她哭闹，还准备了"熊孩子专用飞机致歉套餐"（耳塞＋糖果＋抱歉卡片），意外的是孩子居然很配合，自己拿了零食就开心地吃吃喝喝玩玩（还找出画笔写写画画），全程无哭闹。看到隔壁座位比自己还大些的小男孩捂着耳朵撕心裂肺地哭泣，女儿就把零食分给小哥哥，安慰对方"你吃了东西，耳朵就不难受了。"特别强调一下，飞机起飞降落的时候最好给孩子准备一点零食，吞咽可以有效地避免耳朵受气压压迫。

· 拒绝无聊，出行路上玩神器

带 3 个孩子出门时间最长的一次是自驾去山西，全程大概有 8 个小时，孩子们除了中途上厕所以外，其他时间都在安全座椅上乖乖坐着，连续坐车这么久，大人都很无聊，小朋友一路怎么打发时间呢？别急，作为一个"孩子王"，除了之前推荐的各种玩法，我还有很多神器。

☆☆☆☆☆

占嘴类： 小零食、水果等。

占手类： 涂色书、小贴画、拼图、折纸、画本等。

占耳类： 绘本、收音机、一起讲故事、唱歌等。

iPad 神器类： Siri、弹钢琴、弹尤克里里、弹琵琶等音乐类 App；iPhone 备忘录手绘功能、涂彩蛋、涂颜色、画涂鸦等美术类 App；凯叔讲故事、喜马拉雅 FM 等故事类 App；还有动画片、动画电影、纪录片等视频类内容。

我平时很少让孩子使用电子产品，除了拍照和发语音，家里连电视都很少有机会看。但是在旅途这种高强度的亲子互动时间里，爸爸妈妈也可以利用好科技，加入"互动"，间歇性穿插使用电子产品，注意时间就可以。平时不允许孩子吃的零食也可以搬出来，把枯燥的交通工具变得有趣。

当然，一张白纸、一堆气球，甚至对着窗外的风景编故事讲科普都是能让孩子"打发时间"的好方法。如果有几个小朋友同行，还可以根据年龄段玩故事接龙、笑话接龙、背古诗、唱儿歌、编故事等活动，相信小朋友们一路看风景一路玩，根本不会觉得无聊。

· 旅行目的地，不同阶段孩子的分龄攻略

　　孩子在 2 岁以内，因为生活作息和活动范围的限制，不建议参与走马观花式的行程，"一站式"目的地出行更符合孩子的发展阶段，比如近郊、博物馆、公园等地方很适合小宝宝出行。3 岁左右的孩子，环境安全卫生，偏休闲的沙滩、海边、儿童营地、度假区都是不错的选择。3~4 岁的孩子已经发展出自传式记忆，对于细节和体验可以回忆得更加清晰，探索欲和好奇心让孩子对于陌生的体验更加偏爱，稍远一些的旅途也可以找到更多好玩的体验。此外，上幼儿园阶段的小朋友会逐渐接受和喜爱带有科普性和教育意义的目的地，比如主题公园、博物馆。而 6 岁以上的孩子，随着体能、智力、逻辑思维的发展，根据喜好偏爱对人文景点、自然奇观、文化活动等逐渐凸显出兴趣。

　　原则上，**亲子出游随着孩子活动空间的扩展呈现出由近到远的规律**。随着孩子的成长节奏，循序渐进地推进出行内容向纵深发展。不需要刻意追求更贵更远，不放弃任何一次陪孩子看世界的机会。哪怕只是雨后去隔几条街的公园抓蜗牛，也可能比"打卡式"的旅行更有意义。目的地不分高下，出行一次有一次的欢喜。

· 暗藏玄机，游玩变"游学"

　　带孩子出去玩，既然是丰富的翻转课堂，当然还是期待孩子在亲子陪伴之外能够有所收获，那如何将游玩变成游学呢？

1. 积极倾听，巧用每一个"为什么"。

来到丰富的环境刺激中，孩子的发散性思维决定了他天生喜欢东看看西瞧瞧。如果爸爸妈妈可以像新闻工作者一样，用好 5W 要素（what、who、where、who、when），帮助孩子把分散的兴趣点深挖一步，通过助推，帮孩子把旅行变成思考和探索，特别有助于孩子认知能力大幅发展。比如问"你在看什么呀？""你觉得这个东西是干什么用的？"很多小朋友自己就是移动的小问号，仿佛行走的十万个为什么，不停地提问且不知疲倦。如果爸爸妈妈能积极地回应孩子的好奇与关注，给孩子有趣的开放式答案，相信孩子的求知欲大门也会随之敞开。

2. 充分共情，不嫌弃孩子的眼光和节奏。

很多爸爸妈妈带孩子出门容易沉浸在打卡拍照、紧张安排、疲于奔波的流程中，不能理解孩子"不爱风景爱破景"的心情。埃菲尔铁塔这么好看，孩子怎么盯着树叶不动呢？都到长城了，怎么和城墙脚下的小石子儿"杠"上了？孩子的视觉范围和思维方式注定了对看似无聊事物的偏爱，加上 6 岁以内的幼儿先天就是自我中心的，出行节奏也不容易以大人的意愿为绝对标准，不如偶尔也允许孩子任性一会儿自由探索吧。

3. 异想天开，鼓励孩子的创造性破坏。

尤其在美妙的大自然中，孩子特别容易被各种环境元素或者动植物所吸引，偶尔和泥、踩水坑、扬沙子，或者在沙滩边、海边疯玩撒泼都是很有趣的体验。在安全范围和不违反规则的前提下鼓励孩子小淘气，是有建设性的"创造性破坏"。放飞自我，对孩子创造性和解决问题的能力很有帮助。

4. 多娃出行，搭配安排行程帮助建立社交规则。

有的家庭有多个宝宝，或者同一个旅途中有两个或两个以上带着孩子的家庭，难免会遇到几个孩子年龄段、喜好、性格以及出行兴趣点不相同的情况，这个时刻往往是最让大人头疼的。只照顾某一个孩子的喜好不太合适，也不利于家庭团结。父母不如坦然面对孩子"萝卜白菜，各有所爱"的现实，引导几个孩子自发地规划和商量行程安排，比如通过时间交错来轮流满足孩子们的偏好，同一个景点选择各自喜爱的项目等方式，把冲突变成合作。家长还可以帮助孩子在自己原本并不足够喜爱的旅行活动中发觉自己喜欢的乐趣。

5. 参与其中，提供高质量高浓度的陪伴。

一家人出行本身就是比平时更亲密互动的相处机会，努力把"陪孩子出行"变成"和孩子一起出行"，真正参与其中给孩子高质量的陪伴。

6. 适当示弱，让孩子兼顾大人需求。

出行不一定只能关注孩子，亲子互动是双向的，高质量的陪伴也需要照顾到父母自己的感受。适当寻求孩子的帮助与合作，让孩子也满足一下家长的小期待，或者利用酒店提供的托管服务，爸爸妈妈可以自己放松一下再转换到孩子的视角，也可以满足全家出行的需要。这种双赢的合作关系让旅途更愉悦。

7. 高度敏感，积极回应孩子的小情绪。

旅行毕竟不是在家，环境的变化有可能引起孩子的情绪起伏，作息不规律或是突发状况的出现都有可能让孩子觉得不安和焦虑，这些都需要父母敏锐地捕捉孩子的感受信号，给孩子积极的回应。

8. 返程回忆，小工具帮助孩子强化出行成果。

旅行中孩子借助速写本、日记本、拍摄设备、望远镜、收集器皿等都可以把自己零散的经历串联起来。回程后将照片打印整理、制作照片书、画画或者编故事都是加深记忆的妙招。北欧地区有很多森林教育活动，鼓励孩子们制作"旅行树枝"将战利品串在一起，就像海盗出海在绳索上打结记录一样，这样的"旅行纪念册"对于大人孩子都是勋章。尤其对于记忆容量还未足够大的孩子，视觉听觉等多感官重复体验也有助于发展认知能力。

某次我和女儿聊起小海豚，她居然脱口而出："我小时候在海洋王国和海底世界都见过。"去海洋王国是她不足 1 岁时候的旅行，明显不是自传式记忆的贡献，很有可能是爸爸帮孩子们制作的照片书发挥了作用。翻看之前的旅行照片书、旅行小涂鸦、出游小故事、旅行树枝、沙瓶、冰箱贴、明信片等都是很实用的延长孩子记忆的帮手。

旅行本身，就是意义。 不管是大人需要放松，还是孩子需要多元刺激，走进神奇的自然，拥抱有趣的目的地都是很好的解决方案。大手牵着小手，不论远近，不限形式，和孩子疯玩起来吧。

Tips: 出行一定用得到的百宝袋

行李清单

· 旅行证件
· 食物和水
· 饮食辅助用具（保温瓶、焖烧罐、围兜等）
· 日用品（洗漱用品、毯子、睡袋等）
· 旅行用品（背带、推车、儿童座椅）
· 衣物（至少 4 套换洗衣物，去海岛必备帽衫，去山区必备风雨衣，去草原必备长裤，去热带地区必备帽子）
· 药品（电子体温计、物理退烧贴、治腹泻药、创可贴、防晒霜、防蚊液等）
· 其他（儿童行李箱、防走失书包、小玩具等）

旅行证件

内地旅行

· 户口本复印件
· 身份证原件
· 宝宝出生证原件

港澳台地区旅行

· 港澳通行证
· 大陆居民往来台湾地区通行证

出境旅行

· 护照
· 有效签证

出行指南

飞机

· 2 周岁以内的健康婴儿可在父母陪同下乘坐飞机
· 2 周岁以内购买婴儿票，不占座位，票价一般为成人票价的 10%
· 2~12 岁购买儿童票，有座位，票价一般为成人票价的 50%
· 宝宝机票一般需要和成人机票关联，但会有单独的登机牌
· 带婴儿出行可以提前致电航空公司，预定前排座位和婴儿睡篮，安检时可
  走绿色通道

火车

· 车票按照身高规定购买，长途旅行建议选择卧铺，带婴儿出行建议选择软卧
· 空调车厢冷气较足，注意宝宝睡觉时的保暖
· 行李较多时可以使用车站小红帽服务
· 时刻保持宝宝在自己的视线范围内

自驾

· 必备适宜的儿童座椅，放置于后排座位
· 夏天出行携带遮光板
· "Baby on Board" 标签贴在车后
· 司机应专心开车，不要转头逗孩子

2.8

玩科技，

互动打破常规的育儿方式

　　在本书开篇我就提到过：人越来越像机器，而机器越来越像人。人工智能、虚拟现实等科技的发展，给我们带来了便利，但也制造了恐慌。如果真的在 10 年内 47% 的职业都被取代了，那么我们的教育如何面向未来？"美国竞争力计划"（American Competitiveness Initiative，ACI）提出知识经济时代教育目标之一是培养具有科学、技术、工程和数学，即 STEM 素养的人才，并称其为全球竞争力的关键。很多面向小朋友的科学游戏、机器人教育、智能玩具等已经成为系统的课程。让孩子拥抱科技，无疑是为人父母必须面对的现实。

　　电子产品作为家庭最常用的科技产品，家长们往往对其忧虑大于喜爱。走到哪里都能看到有小朋友拿着手机在玩游戏，而且特别投入。玩了许久之后，父母们几番催促，连拖带拽，才不情愿地把手机交出。低龄的小朋友，吃饭睡觉都要用手机看动画片，在我们的家长群里天天都有人吐槽电子产品是如何影响了自己的孩子。

全民看手机，沉迷背后的问题更严重

很多人形容电子产品是洪水猛兽，是毁掉孩子的罪魁祸首。

是否毁掉孩子不敢断言，然而据统计数据显示，国内某热门网络游戏在上线 3 个月后注册用户**已超过 2 亿**，日在线人数已达 **5000 万**，也就是说，**每 7 人中至少有 1 个人**在玩游戏。统计中的这款游戏，只是游戏大军中的冰山一角。这其中，**超过一半是 23 岁以下年龄的人**。随后，各大媒体开始陆续发声，全民沉迷玩游戏的问题看起来的确有点严重。

除了游戏，国外很多研究也表明，网络购物、影视栏目、社交网络、休闲娱乐等都在不停地收割每个人的注意力。太多在现实世界活得无趣的人，都沉迷在虚拟世界里找寻自己。

生活无聊的锅，游戏不背。

试想一下，如果你提供了比游戏更丰富的刺激，那么谁会抱着键盘和鼠标痴坐忘我？

如果老师的授课足够有趣，那么学生怎么会不停地玩手机？

如果孩子的社交情况很理想，和同学出去聚会、踢球、参与户外活动那么有意思，谁还要玩游戏？

如果孩子对面坐着小猪佩奇、汪汪队、小马宝莉，谁还顾得上玩游戏？

我的很多学霸朋友都喜欢玩游戏，从"英雄联盟"、"魔兽世界"到"王者荣耀"，但他们只是在空闲时玩玩，并不会把人生的赌注都压在游戏之上。那些学霸爸妈，通过玩游戏，还引导孩子做编程、尝试开发游戏。

游戏之外，在你看不到的时光里，他们考上了名校，努力深造，精进技能，认识了有趣的人，见过了美丽的风景，活出了比虚拟世界更精彩的自己。

·电子产品，多不如少

各种负面消息当前，成年人面对游戏尚且如此容易"成瘾"，何况是理智脑和情绪脑都未发育完全的孩子。自控力在强大的游戏和电子产品面前，如果不加引导，真的太难发挥作用了。每次出门吃饭，我都能看到刚刚学会坐立的小朋友一边用餐一边看手机，妈妈一收走手机就开始哇哇大哭。

不仅仅是游戏和动画片，市面上很多针对小宝宝的视频和音像作品，都举着儿童早期教育的大旗横行其道。其实并没有科学证据表明，它们对孩子的智力或者大脑发育有促进作用。**优质的教育媒介有积极正面影响的前提，一定是建立在孩子能够理解它的涵义之上**。从一般规律来讲，2岁以内的宝宝很难具备这样的能力。

撇开对视力的影响，收看数字媒体属于被动学习，屏幕上鲜艳的色彩、音频互动等声光电的观看体验，对宝宝很有吸引力，容易影响孩子注意力的发展。研究表明，一些**语言发育较晚和有社交障碍儿童**的出现与**父母自身过度使用电子产品**有关。

与抚养人之间的互动比玩电子产品更有价值。人与人之间真实的互动不仅涉及信息、知识的交流，抚养人的眼神、肢体、语气甚至表情都能够对孩子的语言理解、认知能力、情绪表达能力有很大的促进。

美国儿科学会在 2011 年做了一项大型调查。调查结果显示，90% 的父母说他们有给 2 岁以下孩子看某些数字媒体的经验。全美国 2 岁以下孩子平均每天看电视或者智能设备的时间是 1~2 小时。到 3 岁的时候，几乎 1/3 的美国孩子的卧室里有一台电视。根据美国儿科学会的指南，我建议：

· 尽可能不要让 2 岁以下的孩子看电视或者使用手机看视频，若必须这样的话，也要尽量缩短时间，**不推荐 2 岁以内孩子看任何电子媒体（美国儿科学会在 2017 年将这个标准降到了 18 个月）。**

· 如果父母实在抽不开身来陪孩子玩，也尽可能不要打开电视，而应该在父母能监看到的范围内，让孩子尝试自己玩玩具。比如，母亲需要做饭的时候，不要打开电视图省事，最好让孩子在附近的地板上玩适合年龄的玩具。

· 不要在孩子的卧室放任何带有荧屏的产品，包括电视、计算机、平板电脑等。

· 要记住，即使不给孩子看，自己在陪孩子玩的时候看电视或者手机也是对孩子不利的。

· 就餐的时候，不要开着电视，而应该关掉，专心和孩子一起就餐。

· **防沉迷，不只是孩子一个人的事。**

· **身教，是大多数行为问题的答案。最重要的是父母是否做到。** 家长如果总当着孩子面玩游戏、看手机、看视频，孩子自然觉得电子产品很有吸引力。有些父母、老人或者保姆在带孩子的时候为了让孩子能够安静一会儿，会打开电视或视频等，也容易导致养育中电子产品的过度使用。父母需要自我审视一下，**我们是孩子成长环境的提供者和创设者，时刻提醒自己，来自家长的刺激是正向的还是负向的。**

当然，这个时代我们不可能脱离手机或者电子产品，电子产品确实给我们提供了高效和便利，但是做到**陪孩子玩的时候不看电子产品，**是我们陪伴孩子玩耍最基本的底线。

如果宝宝已经对电子产品产生了依赖，父母需要尝试这几个方法：① 限定时间，根据孩子的年龄段控制时长，比如一天看两集动画片或者玩 30 分钟游戏。② 在相对固定的场景提供电子产品，比如旅途驾车时。③ 多使用需要交互的内容，需要创造性和操作感的内容。比如画画软件、声音乐器游戏等。④ 加入亲子互动，把电子产品变成大人和孩子互动中的玩具。适时引导，及时吸引孩子注意力，通过父母带领孩子一起玩游戏、玩音乐、玩体育，增加互动等形式，或者与小伙伴约好出去活动。只有当孩子觉得与人相处比电子设备更有趣时，就会不再沉迷电子产品了。

切记：**家庭教育的主角永远是父母。不要让"手机妈妈"和"游戏爸爸"成为孩子成长的主角。**

· 成长，也可以像电子产品一样让人着迷

如果孩子可以沉迷电子产品，那同样也可以沉迷学习。关键在于如何让生活变得有趣。对于孩子来讲，如何让孩子的成长变得有趣而高效？这一点电子游戏给我们提供了参考。

1. 目标明确： 游戏的目标特别直接，主线任务就是打怪升级，或许还有很多副线任务的设计，然而"赢"就是第一位的。所以帮助孩子制定学习任务的时候，也一定不要好高骛远，**每次进步一点点就是最好的飞跃。**

2. 时间限定： 一般来讲如果给孩子需要太长时间才能完成的任务很难让孩子专注，10~20 分钟的短时回合制游戏足够碎片化，而且不会觉得冗杂。学习也不要没完没了地堆砌任务，短时高效切换频道，越是简单的任务越容易及时完成。比如一次背诵几个单词，一次练习两首歌曲，一次完成 20 分钟作业，**有相对紧凑的时间设定才有高效的完成度。**

3. 即时奖励： 游戏特别直接的一点就是只要进攻就有回报，战斗值、分数、装备、排名几乎是实时展现的。或许我们也可以在孩子学习的过程中**用具体形象的赞美、小而实用的物质奖励**来让孩子在完成任务后获得"实时反馈"。比如我看到一些美国小学生如果阅读 10 本书可以换贴纸、50 本书换卡通玩偶、100 本书换奖励徽章等，孩子能不喜欢这样的"成长游戏"吗？

4. 社群互动： 现在的游戏体验越来越真实，不仅体现在画面或者竞技设计，SNS（社交网络）的引入也让孩子们形成了紧密的社群关系。比如儿子向他的伙伴们喊一嗓子："哎，快来，咱俩拼一局！"显然，几个小伙伴高下立判，不仅是玩还有"竞争"，这一点如果可以在孩子的生活和学习中借鉴也是威力无穷的。比如孩子在赖床，我和孩子说："你最喜欢的某某已经在楼下骑小车了，你要不要和他

比赛看谁骑得更快？"不用催促，孩子立马自己穿衣穿鞋自己下楼，如果没有这样的**"朋辈竞争"，**我想我唠叨半个小时也不见得有什么进展。

成长不一定是枯燥的，也可以是有趣的。

如果人类可以对电子产品上瘾，那也可以在所有事物上找到乐趣。"上瘾"是一门学问，让孩子对一切美好的事物上瘾，像沉迷游戏一样享受探索世界的乐趣，这样的家庭教育，才是成功的。

·科技，也可以是育儿工具

电子产品，也有重大价值。数字媒体作为一种新时代的培养孩子的媒介素养，是不可或缺的。如果都停留在远古时代，科技的进步也就失去了意义。飞速发展的人工智能，已经让电子科技更加人格化和互动化。我们的孩子，随着成长的节奏，也会与科技无法分离。

有一些简单的科技产品，可以帮助孩子理解物理规律，懂得因果关系。比如电子琴让孩子知道按键和声音之间的联系，开关可以帮助孩子建立最简单的机械原理思考。行动与结果之间的联系，对于孩子最初思考世界的方式有很大意义，这个时候简单的电子产品也是很好的游戏工具。我们在"玩旅行"的章节中也强调了在特殊情形下，电子产品对时间、空间的灵活性也让陪伴变得简单便捷。**比如听故事、玩键盘、涂鸦、看绘本、做编程、看动漫等"孩童友好型"的产品让孩子一面与科技结缘，一面与父母连接。科技不仅好玩，还可以有价值。**

只要在这个过程中，我们不是将孩子托付给工具，而是借工具之手增进亲子情感，交流各自观念，建立亲子连接，思考问题和方法……那么电子产品这个"第三者"也不会成为亲子关系和家庭教育的毒药。

除了偶尔体验智能玩具和科技小游戏之外，在一些具有未来感的展览中，也有很多科技与教育相结合的内容。比如我们全家一起看过的"花舞森林与未来展览"中就有很多全息影像，还有感官游戏、光影互动的 AR 和 VR 内容，我和孩子们都非常享受。除此之外，我常常用一问一答的方式和孩子们交流看过的影片或者展览，第一遍观影共同观看，第二遍回家自导自演，第三遍回忆故事或者自己改编内容……这样我们便有了新的玩耍内容、亲子塑造"共同体验"的经验，更拥有此起彼伏的笑声。

科技本身是客观冰冷的，但是亲子互动不是。任何工具都是我们和孩子沟通相处的媒介。抱着一起玩玩看的心态，而不是改造孩子的目的，养育中才会收获更多的惊喜。毕竟，好的亲子关系才能有好的亲子教育。

Part 3

玩出孩子
的核心能力

3.1

情绪，
孩子一生最重要的"元能力"

　　前面我们分享了那么多好玩又有用的玩法，很多父母一定特别希望看到和孩子成长更直接的联系。虽然养育从来无法量化，但是孩子成长过程中的各项核心能力是必不可少的。

　　我们都很重视孩子的社会交往，从出生开始，孩子就开始进行社交了。与自己的关系、父母的关系、手足的关系、同学的关系……都是社交的范畴。有的朋友可能会疑惑，社会情绪学习跟孩子哭闹、发脾气、行为偏差、社交问题等有什么关系呢？

　　是不是社会情绪学习就等于情商教育？这不就是这个人会来事儿，八面玲珑，或者会说话，让别人心里舒服吗？

· 情商，就是会说话吗？

关于"社会情绪"与"情商"这两个概念，我们常用，但常常是误用，对这两个词有着很多的误解，甚至很容易将社会情绪学习等同于情商教育。

第一大误解：情商就是会交际，并且这种人际交往能力可以速成。 以为通过一些功利的套路和方式让别人喜欢我们，把自己营造成别人期待的样子就是情商高。"教你 10 个方法，秒变高情商达人"等诸如此类的社交速成班似乎就是情商甚至"社会情绪学习"的主要内容。

第二大误解：情商就是让别人舒服。 至于自己的情绪和感受，从来不是重点。所以那些热门文章中提到的"情商高，就是好好说话"、"情商高，就是不给别人添麻烦"等就是在把情商等同于别人的主观感受。其实真正的高情商，不仅仅是让别人舒服，更应该是自己的和谐。是建立在他本身就是这样一个人，他就是从自己本身的情绪经验出发，去处理自己周围的人际关系，他既是周到的又是真诚的，他让别人愉悦，同时也没有委屈自己，他自己也是内外和谐的。

这样的高情商是"社会情绪学习"到位而产生的自然而然的结果，它建立在一个人情绪良好发展的基础上。事实上，基于科学研究和实践经验相结合的"社会情绪学习"，不仅有助于提高孩子的情商，改变孩子的学习和生活态度，降低问题行为，提高学习成绩，还可以更大程度上帮助孩子获得人生的幸福与成功。

总结一下，社会情绪学习可以帮助培养情商，而情商可不等于社会情绪学习。

社会情绪学习 SEL（Social and Emotional Learning）是指孩子学会控制自己的情绪，发展对别人的关心及照顾，做出负责任的决定，建立并维持良好的人际关系，有效地处理各种问题的学习过程。

美国社会情绪学习组织 CASEL（Collaborative for Academic,Social,and Emotional Learning）的系统研究，是以丹尼尔·戈尔曼的情绪智能理论为核心开发的行之有效的社会情绪学习培养法则。

早在 20 世纪 90 年代，社会情绪发展计划就开始出现在美国中小学教育大纲中，并明确规定学时和教学目标。另外的一些社会情绪学习课设置为"After school（放学后）第二课堂"，以补充的形式进行。这种系统的学习已经给全球数千万的孩子带来了积极的影响：

1. 减少问题行为，促进积极行为的发展。

2. 有利于形成良好的学业态度和学习表现，提高了学习成绩（11%~17%）。

3. 有利于培养学生的道德品质，成为良好公民。

当孩子处于 2~3 岁叛逆期时，与自己、与父母、与社会之间的情绪全面爆发，无论父母要求他做什么事情，都会说"不"，还动不动就企图用哭闹撒泼要挟家长满足自己。这个阶段，**很多父母会觉得自己与孩子之间是敌对关系，但又希望亲子关系是双赢局面。**其实在欢笑和玩耍中孩子就可以学会"情绪管理"技能，积极与父母合作。比如每次女儿试图用哭闹让我们妥协，给她多吃一个冰激凌的时候，我就会开启玩法模式，进行"假装游戏"，撅起鼻孔，捏着嗓子，学着小猪哼哼的声音，告诉她："我是小猪佩奇，你好像很难过，你一定特别想吃冰激凌，我们一起做一个草莓味的吧！"女儿看了哈哈大笑，很开心地和我一起假装做冰激凌，不再纠结于自己的情绪问题。

你看，一个简单的角色扮演游戏，孩子瞬间学会了情绪转移，焦点从"吃到冰激凌"变成了"假装做冰激凌"，这个过程中还学会了情绪管理和社交技能，创造性地想象与动画片里的人物开始玩耍。这比我挖空心思讲吃太多冰激凌的危害要有用多了。

· 情绪经验，代代相传的"幸福基因"

研究证明，孩子幼年的情绪经验会影响孩子的一生。父母需要帮助孩子去积累正向的情绪经验，**帮助他成长为身心和谐的社交达人，更好地与自己、与他人合作。**

这种情绪经验怎么积累呢？举一个很简单的例子，比如大多数妈妈都有半夜喂奶的经历，如果孩子半夜哇哇大哭，一种妈妈的反应是："好烦，怎么总是没完没了地哭啊！你真是磨人啊！累死我算了……"另外一种妈妈的反应可能是："宝宝，你是不是饿了啊？哪里不舒服了吗？来，妈妈拍拍你，喂喂你，乖宝宝，我们一起睡觉。"这两种妈妈不同的处理孩子哭闹的反应，就会成为孩子的情绪经验。孩子会感受到"我是烦人的"还是"我是被呵护的"。那些被父母及时回应、用积极的情绪和态度给予情感支持的婴儿更容易形成安全的依恋关系，长大后更容易成为积极乐观、善于交际、幸福快乐的人。

无论是嗷嗷待哺的婴儿，还是青春期的少年，都需要被父母关注、支持、陪伴。尤其重要的是在孩子生气、伤心、哭闹、大发脾气等看似是问题大爆发的情绪化时刻，父母对孩子的回应，是积极的还是消极的，是忽略还是关注，极大地影响到孩子社会情绪经验的形成。

很多时候我们把孩子看得非常简单，常常认为我是为了你好，我是很爱你的，但是很多时候是以爱为名的绑架。我们的文化中有这种暗示，就是鼓励父母去压抑自己真实的情绪感受和需求，为了孩子牺牲自己，我们也希望孩子顺从、驯服、乖巧、听话。虽然 80 后和 90 后的父母在这方面有一些觉醒，但我们还是经常会听到这样的话："你不许哭了，你不要闹了，你要听话，你要坐在这里老老实实的，不然妈妈就不爱你，不喜欢你了。"你看，我们不仅自己没有办法表达自己的情绪感受，还要求孩子也做一个无情绪的人。

其实这种方式对孩子来说是非常大的阻碍，在孩子有各种各样情绪问题的时候，我们用什么方法来处理，决定着孩子能不能理解自己和别人的情绪，进而能否妥善地处理他的人际关系，成为一个受欢迎的人。

比起苦口婆心的说教，或是强硬的棍棒教育，"玩"是我们处理孩子各种问题的捷径。这就是我一直在强调的，不要跟孩子光用嘴说，而要跟孩子玩起来。因为"玩"是孩子最重要的学习方式，是最直接最有效的成长路径。父母通过有意识地引导孩子"玩"，帮助孩子积累更多积极的情绪经验，学习更有效的情绪管理技能，重塑内在自我与外在世界的和谐关系，最终成为一个有能力"让别人舒服、更让自己愉快"的幸福宝宝。

毕竟幸福是比成功更重要的核心竞争力。

3.2

"我生气了!"
玩出孩子的情绪力

我们经常遇到这样的时刻，孩子把冰激凌掉地上了，瞬间哇哇大哭，我们开始安慰："宝贝儿，不哭了，掉地上就不要了。"然而，孩子哭得更凶了，"不就是个冰激凌嘛，咱们再买一个就好啦！""来，妈妈抱抱！"这下孩子哭得更惨了，天崩地裂，撕心裂肺……

明明只是小事儿，这个孩子怎么就这么"任性"，没完没了呢？一块融化了的糖、被弄脏的玩具、丢了的破石头、被抢走的小火车……各种各样我们大人觉得没什么大不了的事情，却总让孩子崩溃。

孩子为什么总哭啊？

什么时候学会了满地打滚？

怎么还开始打人了？

上一分钟还嘻嘻哈哈，这会儿怎么就闹情绪了？

· 情绪密码：破译孩子的情绪机制

其实**不是孩子太情绪化，要怪就怪我们人类的大脑吧！**心理学家研究表明，人类大约 70% ~ 80% 的脑细胞都是在 3 岁以前形成的，并且，这期间形成的主要是语言、音感和记忆等代表智力功能的细胞。可以说，孩子上幼儿园时，智力脑 80% 已经"加载"完成。但是情绪脑的发展还很不健全，要到青春期结束，甚至 20 岁以后才能有相对完善的情绪控制能力。而情绪控制能力，极大程度上决定了理智的发挥。

如果是我们大人把冰激凌掉到地上，虽然会有点生气，会有些不爽，但我们会自我安慰"都怪我一边走路一边看手机一边吃东西，不小心掉了吧！""算了，我再买一个吧，刚好也快吃完了，换一个口味。"然而孩子是没办法这么快处理情绪和控制情绪的，他会沉浸在冰激凌掉到地上这一种悲伤、失望、受挫的情绪中无法自拔。所以，上一秒还很开心的孩子，突然会因为某些原因开始哭闹，好像天塌了一般。实质上，这是个体发展阶段的问题，而不是孩子任性或者不乖的问题。

父母如果要责备孩子太情绪化，还不如问为什么我们人类不能生下来就会跳舞呢！

· 三人成虎：被误会太久的情绪

情绪有积极和消极之分，我们很容易有这样的看法：

1. 积极情绪是好的，消极情绪都是不好的。

其实消极情绪如恐惧，是我们人类得以生存和进化的强有力工具。比如看到老虎，人类很害怕，知道要逃跑或者不要招惹猛兽，这样出于生存本能的防御机制让我们学会自我保护，人类才能存活至今。再比如焦虑，适度的焦虑可以帮助我们集中注意力，在一些考试或者任务中有更好的表现。

2. 消极情绪应该被制止。

我们都很容易反感甚至禁止消极情绪的表达，比如孩子伤心的时候会警告孩子"不能哭，再哭出去！"比如孩子生气的时候会批评孩子"不能打人，摔东西是不对的！"比如孩子发脾气说"妈妈讨厌"，被我们认为是原则问题，好像孩子真的不爱我们了。过度期待尽快禁止孩子表达情绪的行为，反而会让孩子的情绪受阻碍。比如孩子说"讨厌妈妈"，很可能只是不喜欢妈妈刚刚对待他的某种方式或者讨厌妈妈拒绝他的要求，并不是真的"恨"妈妈。如果父母只是把焦点集中在孩子消极情绪的制止上，孩子很容易错过被积极引导的机会。

3. 孩子最好永远快快乐乐，不要出现消极情绪。

积极情绪和消极情绪相伴相生，喜怒哀乐。各种各样的情绪让孩子的感受更加丰富，也让孩子学会与别人"感同身受"。允许孩子和消极情绪相处，积累丰富的情绪经验，是很重要的一项学习任务。

·控制情绪：拆除地雷的"三步法"

既然消极情绪无法禁止，那么管理情绪比压制情绪更加意义重大。帮助孩子控制情绪的过程，核心就是这三个：

第一步，充分共情。共情不是同情，是站在孩子角度和孩子一起体验细微和复杂的感受。小孩子语言表达能力相对有限，可以用"你看起来 / 感觉……是吗？"的句式来询问，比如"你是不是因为看到妈妈一直都在忙……没有陪你玩。爷爷奶奶也在忙……所以……"尽量描绘出孩子细微复杂的情绪和感受。这个时候如果可以用拥抱、抚摸等肢体接触帮助建立亲子连接，会让孩子的情绪很快平复下来。

第二步，识别情绪。如果孩子在经历了一个事件以后可以知道自己的情绪是怎样的，并且描述出来，那么孩子的情绪问题就解决了一半。我家有一面宽 3 米的涂鸦专用墙，是我和女儿最爱的玩耍区，我会把小猫的各种情绪表情都画在墙上，让女儿描述是什么情绪，还让女儿猜猜可能小猫发生了什么事情。女儿有时候会告诉我"小猫的鱼被抢走了，她很伤心。"或者"天黑了，小猫很害怕。"我们还会一起在纸上画"情绪卡片"，把各种各样的情绪都画出来，有时候我会故意画错，女儿会角色扮演，当成老师"纠正"我的错误。其实除了画出来以外，绘本里的表情，甚至爸爸妈妈表演情绪表情，让孩子来玩情绪识别游戏，都会对他们识别情绪很有帮助。

关于识别情绪，强烈推荐一部我和女儿都很喜欢的动画片《头脑特工队》。故事讲的是11 岁的小女孩莱利和她大脑里的五个情绪小人：乐乐、忧忧、怕怕、厌厌和怒怒，分别代表她的快乐、忧伤、恐惧、讨厌和愤怒五种情绪。这部动画电影最适合孩子识别情绪的地方，就在于它把人类这么抽象的"情绪"和"感受"用 5 个小人生动形象地展示出来。这部动画电影还涉及脑科学和心理学等方面的科学知识，不仅受到专业人士的喜爱，也易于小朋友们轻松理解。哈佛大学教育学院副教授 Stephanie Jone 及其研究团队根据这部动画片，研究出了情绪管理的策略模型。

当女儿有情绪的时候我就会问她：

"你脑袋里是哪个小人儿在跳？乐乐还是怕怕？"

"还有哪个小人儿在跳呢？"

我们对孩子的情绪进行确认，才能让孩子学会了解自己的情绪。在这个给情绪"贴标签"的过程中，孩子自然识别了自己的情绪，并且把情绪和理智慢慢结合起来。而情绪的发展，也会反过来有助于认知能力、语言能力等智力脑方面能力的成熟。

第三步，提出解决建议，引导控制情绪。对于孩子，尤其是语言能力有限的小宝宝，很容易在遇到情绪问题的时候发生攻击性行为，比如打人、咬人、摔东西。这个时候攻击和破坏就成了孩子语言的延伸。比如我女儿和小朋友玩耍时，就发生过因为抢一颗石头而相互推搡的情况，女儿争抢目的未遂，就推了一把小朋友。我没有急着去批评她，而是问：

"宝宝，刚刚发生了什么事情？"（**询问事情经过**）

"她抢了我的石头！"（**描述事实**）

我接着说："所以你很生气，因为你的石头被拿走了。"（**帮助表述情绪**）

"对的，我真的很生气！那是我的石头。"（**表达情绪**）

我对女儿说："你可以用嘴巴告诉小朋友你很生气，而不是用手。我们是不是有更好的办法？"（**提供建议，寻找替代方案**）

在我的引导下，女儿向小朋友道歉，并且和对方说："对不起，我不该推你。但是我很生气，这是我的石头。你一会儿必须还给我。"（**表示歉意，表达情绪，描述事实，解决问题**）

在之后遇到有社交问题，甚至女儿和弟弟们有冲突的时候，我都会提醒她："你可以用嘴巴告诉对方你的感受。"

引导孩子表达情绪的重点就在于让孩子感受到：

1. 一切情绪，不管是积极的还是消极的，都是被接纳和认同的。

2. 情绪可以被接纳，行为需要被规范。

·攻击性游戏，帮助孩子释放负面情绪

在管理情绪的过程中，除了玩涂鸦、玩动画、玩绘本、角色扮演等方法之外，"攻击性游戏"的对抗形式，也可以帮助孩子释放一部分的负面情绪。比如我常和女儿玩的"枕头大战"和"打地鼠"游戏，就是用枕头相互攻击，女儿时而喊叫着躲开我的"炮弹"，时而举起道具向我发射，在玩闹中，她的不愉快都烟消云散了。

有一次我偷吃了她的饼干，她发现以后非常愤怒，瞪着小眼睛说："妈妈，我生气啦！你把我的饼干吃了。你这只贪吃的小老鼠！"然后就抱着靠枕大笑着向我冲了过来……

3.3

"我不怕！"

玩出孩子的抗挫折力

很多妈妈都遇到过这样的场景，孩子总说"我怕"、"我不敢"，想尽一切办法逃避困难。父母说"没关系，往前走吧"，可孩子还是畏缩，知难而退。

有这种现象，父母一边说"输了没什么"，"不是第一名也没关系"，一边责备孩子"你对得起自己吗？"你是真的不在意孩子的成绩，还是假装不在意其实很在意？挫折本身对于父母的意义，也会传递给孩子。所以抗挫折能力的学习，不仅仅是孩子的功课，更是父母帮助孩子学习应尽的责任。

跳跳妈妈就常遇到这样的困境，跳跳每次玩拼图玩到一半不会玩了，就很生气地哭闹，把拼图扔掉，再也不去玩了。不论妈妈怎么安慰"没关系"、"再试试"，他还是沉浸在挫折中不愿继续。这件事情让跳跳妈妈也觉得很不愉快。现在我们就来聊聊，怎样提升孩子的抗挫折力。

· 人生赢家：输得起的孩子，才能赢得起

有一位家长曾经问过我，孩子每次玩游戏只能赢不能输，赢了特别开心，输了就会哇哇大哭，甚至还埋怨大人以大欺小，不让着他。父母十分苦恼，现在家里人都会让着他，长大后同学、同事、社会都会让着他吗？

虽然孩子喜欢赢是好事，追求价值和评价是很强劲的驱动力，不想当将军的士兵不是好士兵，但是一方面孩子情绪管理能力有限，我在之前的内容中介绍过孩子的情绪机制，大脑发育决定了孩子很容易觉得挫败和不满，另一方面孩子的逻辑思维能力发展阶段决定了他还不能更好地思考输赢之间的关系。

对于"输不起"的孩子，我的建议是：首先，父母肯定孩子喜欢赢的想法，鼓励孩子追求更好的自己。其次，学会夸奖孩子的努力和进步，培养孩子的成长性思维，可以和孩子分享自己或者其他人输过的故事。共情，让孩子学会评估和解决问题。进一步询问孩子输了怎么办？建设性地寻找替代方案，或者谁做得好，有什么可以借鉴。最后的大招就是和孩子玩模拟"输赢""快慢"的比赛，让孩子在评价体系之外感受成就本身，不需要刻意输给孩子。

在这个案例中，**我们发现让孩子更好地理解"输"，才能更好地处理挫折。**

经常听到学生跳楼自杀的新闻，或因为学习，或因为恋爱，或因为游戏……不仅是中小学生，那些被高等学府录取的天之骄子，人生才刚刚开始，也因为种种原因选择结束自己的生命。大家会评论"怎么一点压力都承受不了？""太娇气了！"……

压力和挫折很容易令人觉得消沉，甚至自暴自弃。但是为什么有的人可以"卧薪尝胆"，而有的人是"三天打鱼两天晒网"呢？哈佛大学的研究发现，**能否在困境中突破，实现逆袭，成为"输得起"的孩子，核心在于韧性。**

当人遭遇压力的时候，很快进入应激状态，心跳加速、血压升高、激素水平迅速变化。那些遭遇极端事件的孩子，比如犯罪、侵害、虐待，孩子会处于"毒性压力"中，这样的情况对于孩子的认知发展能力、身心健康、控制和执行能力都非常有害。一系列情绪和行为问题，就这样出现了。

韧性度就像橡皮筋，重点不在于拉多长，而是回弹的能力。 当孩子的健康和发展倾向于积极的方向时，即使孩子遇到了困难、压力，他们积极的人生经验可以击败消极的经验，让自己更好地恢复过来。当孩子的发展倾向于消极的时候，就容易在小挫折面前变得悲观，认为自己再也无法好起来了。

那些"输得起"的强韧性孩子普遍具有以下几个特点：① **足够的社会支持。** 对于孩子来说，应与 1 个以上的成人有长期稳定的爱与支持关系、安全的依恋关系，这不仅可以来自父母，也可以来自多个抚养人。② **足够的掌控感。** 生活环境的相对稳定、和谐、规律，都有助于孩子预测自己的稳定性。知道自己是安全的、可控的，孩子也不容易陷入无助中。③ **足够的自律和执行能力。** 能够自己解决问题，这样的成功经验会帮助孩子很快重拾自信。④ **足够的精神支持。** 比如信仰或者社会文化的支持。在第二次世界大战后的很多受创地区，有民族文化传统和宗教信仰支持的家庭，孩子的 PTSD 恢复情况更理想。有精神支持的人不容易把一些意外的事件认为是必然的，也更容易相信生活之后会好起来。

· 苦难教育：抗挫折力 ≠ 挫折教育

经常在网上看到有些"虎妈狼爸"奉行挫折教育，冬天光膀子，夏天玩冰桶，甚至还有人带着 3~4 岁的孩子在酷暑下徒步穿越沙漠……当然，锻炼孩子的初心是好的，但是抗挫折能力和刻意的"挫折教育"是一回事儿吗？

积极心理学家马丁·塞利格曼研究发现，人或者动物，因为不可控事件而不断遭受挫败，便会感觉到自己对这件事情的无能为力，丧失信心，陷入一种无助的心理状态。这就是"习得性无助"。因"习得性无助"而产生的绝望、抑郁和意志消沉，成为许多心理和行为问题产生的根源。学习成绩差、工作拖延低效、家庭暴力、悲观抑郁……面对很多挫折和困境的人，都常常出现习得性无助的特征。而且这种感受还会扩散和传染，就像病毒一样，看到别人遭遇挫折，会联想到自己也不会再好起来了。

所以我们发现，挫折本身不是财富，对待挫折的态度和方式才是最重要的。而且生活本身，就充满了现实的挑战和挫折。

· 过程导向： 夸奖出孩子的成长性思维

很多父母发现多鼓励孩子"赢不重要"、"重在参与"，让孩子以过程为导向，弱化结果似乎可以帮助孩子更好地应对挫折。

鼓励和赞美是没错的，可是一味地说"你真聪明！""你真棒！"这样泛泛地夸孩子真的一点儿好处都没有。甚至，可能成为孩子成长道路上的拦路虎。

斯坦福大学著名发展心理学家 Carol Dweck 在过去的 10 年里，和她的团队都在研究表扬对孩子的影响。他们对纽约 20 所学校的 400 名五年级学生做了长期的研究，发现总被夸聪明的孩子更容易形成固定型思维模式，被夸奖努力的孩子更倾向成长型思维模式。这一理论（Fixed vs. Growth Mindsets）就是说，常被夸奖"聪明"的孩子会更容易认为人的才智是天赋使然，如果你做不好就是因为你并不聪明；相反，常被夸奖"努力"的人，认为才智是可以通过努力而提高的。

那些认为"聪明"或者天赋是成功关键的孩子，会不自觉地轻视后天努力的重要性。为了表面的成功和看上去的优秀，他们会惧怕挑战和改变，更愿意停留在一个足以胜任的领域里，也更容易在面对挫折和失败的时候退缩逃避。聪明不等于成功，而成功却等于努力加聪明。

每个孩子都是聪明的。失败或者挫折，往往不是孩子不够聪明，而是因为不够努力。所以，**教育学奖励机制的头条就是奖励努力，不奖励聪明。**

很多家长说，那孩子聪明就完全不能夸了吗？事实上，孩子如果在某一领域展示了浓厚的兴趣和独特的天赋，适度表扬和赞美孩子的聪明和天赋，也可以帮助他们树立自信心。但是从长期的效果来讲，还是针对具体的事情进行表扬对孩子更有帮助。而且发自内心的肯定，比夸奖本身更重要。

对孩子一生影响最大的人是父母。孩子很希望得到父母的肯定和认同。父母给孩子的认同可以是多元的，可以是一个赞美的微笑、一个鼓励的眼神、一个骄傲的点头、一个亲昵的拥抱、一个温柔的亲吻。

对于三观尚未成形的孩子来说，最初的自我认同更多地来自于环境，更确切地说，源自于父母。父母夸奖的过程也是给孩子贴标签的过程。夸奖孩子，其实就是在告诉孩子：

爸爸妈妈认为你是一个 _____ 的人。

你希望给孩子在空格上只填着聪明、优秀、有天赋？还是每一次努力的尝试和成长的过程？

人生好比马拉松，开跑的时候最需要鼓励。万事开头难，没有成功经验没有足够能力的孩子，最需要父母的正向反馈来形成自己的自信心。有人这么总结，**夸奖努力不夸奖聪明，夸奖事实不夸奖人格，夸奖过程不夸奖结果，夸奖具体不夸奖全部。**

案例 1：从超市回家的路上，孩子帮妈妈提东西。

错误示范："好孩子，你真棒。"

正确赞美："谢谢你，帮妈妈拿袋子，真是乐于助人的好孩子。"

案例 2：孩子计算了很久，终于答对了一道题。

错误示范："答对了，你好聪明。"

正确赞美："答对了，妈妈看到你努力尝试了很多次。"

案例 3：孩子摔倒了，自己拍拍衣服上的尘土爬了起来。

错误示范："真是乖孩子。"

正确赞美："摔倒了都没哭，真坚强。"

无论夸奖还是批评，父母的语言就像"无形的手"，给孩子贴怎样的标签，孩子就会向这个标签靠近。就像绘本《孩子，把你的手给我》中，关于表扬孩子有一个很恰当的比喻——"称赞，就像青霉素一样，绝不能随意用。使用强效药有一定的标准，需要谨慎小心，标准包括时间和剂量，因为可能会引起过敏反应。"

所以学会正确地鼓励孩子，为孩子应对挫折的过程点赞，培养孩子的成长性思维，会让孩子更有韧性、更坚毅，从而从容应对挫折。

·心理营养：爱是抗挫折力的基石

细心的家长一定注意到了我们刚刚讲到的"情感支持"。越有爱，越强韧。我们讲孩子的情绪管理、社交养成、习惯培养、性格塑造等，核心都在于让孩子觉得"有办法"、"有能力"和"我可以"。而这一切都建立在孩子觉得我是值得被爱的，我的错误是可以被包容的，我的情绪是可以被接纳的。家人的爱，某种程度上，决定了孩子的自爱。

想想看，在挫折面前，孩子自己已经觉得无助、无望，再想想等待自己的可能是父母家人的苛责和批评，那么就更无法坦然面对后果了。可怕的不是挫折，而且挫折带来的更多的不被爱。

一位诺贝尔经济学奖得主，在自己的简历中第一句如此描述到："出生于一个乐观的家庭"。孩子抗挫折力的培养，首先是父母抗挫折力的升级。陪孩子，在爱中，一起越挫越勇吧！

3.4

安全教育，
谁说只能大人保护孩子

这几年关于儿童保护的负面事件太多，总让家长觉得无力。社会的不可控，外界的不确定，家长的不信任，所有人似乎都有些 PTSD。恨不得每天问孩子"有没有人欺负你？"

我们希望孩子美好，又害怕孩子太好。在各种负面情绪强度远远超过惨剧本身的事件之中，太多好人的结局居然变成了惨案。我们忍不住扪心自问："我们从小被教导与人为善，何时善良变成了原罪？"当了父母以后，无法面对孩子成长中这样那样看似偶然的随机事件，看到这类报道的瞬间已然泪目。我依然希望孩子做一个好人，去承担和享受他应该在社会中的责任和呈现的角色。可是，孩子，如果善良是原罪，自我保护才是你唯一的救赎。孩子安全成长确实不容有任何闪失。最著名的儿童自我保护指南——《英国儿童十大宣言》指导性地提出了孩子成长的安全秘诀。

1. 平安成长比成功更重要；

2. 背心、内裤覆盖的地方不许别人摸；

3. 生命第一，财产第二；

4. 小秘密要告诉妈妈；

5. 不喝陌生人给的饮料，不吃陌生人给的糖果；

6. 不与陌生人说话；

7. 遇到危险可以打破玻璃，破坏家具；

8. 遇到危险可以自己先跑；

9. 不保守坏人的秘密；

10. 坏人可以骗。

"如果我们无法改变外面的世界，我们还能怎么保护孩子？"

·安全教育的逆向思维方法

安全教育的逆向思维方法有如下四种。

1. 安全教育不光是父母保护孩子，也可以是孩子保护父母。

女儿不到 3 岁的时候，每次过马路都要我拉得很紧甚至抱起来才能安静地完成这项艰难的任务，有段时间我向她喊了很多次"stop"，她还在头也不回地往马路对面走，特别让人害怕。后来，当我发现女儿喜欢帮助别人以后，我开始学会了"求助"。每次过马路我都会说："宝贝，你可以领着我过马路吗？"女儿就会拉紧我的手，还会告诉我："妈妈现在是红灯，你等下过马路要左看看右看看，不能乱跑哦！"

2. 安全教育不是教出来的，是"玩"出来的。

刻意训练也可以帮助孩子"演出"安全意识。我会和女儿玩"陌生人敲门"和"陌生人接放学"的角色扮演，比如门铃响了她很想去开，我装作洋娃娃或者小朋友的声音说："姐姐，有人在敲门，是谁呢？大人们都没在家呢。"女儿看看我，然后大声问："你是谁呀？"对方如果是快递员，她还会接着问："是谁的快递呀？"平时一起看讲述安全意识的绘本，我会和她一边看一边"演"，让她保护她的洋娃娃或者保护我。这样的游戏体验，比和孩子进行"恐惧教育"及"不说话教育"要更有意义。

3. 孩子天生喜欢合作，多子女家庭可以通过一个孩子的成长来带动其他子女成长。

我经常用各种各样的游戏和孩子互动，学会"示弱"，学会给孩子控制感和主动权，他们会更愿意和我们合作。作为姐姐，女儿给弟弟们做了最好的"同辈示范"。她甚至会在弟弟乱跑的时候说"stop！"看到危险马上把弟弟抱到一边。

4. 别忘了最重要的：外面的大人不会求助孩子，遇到不善者一定学会及时躲避和求助。

巧问开放式问题，帮助更好地了解孩子

和小朋友交流还有几个神奇"问题"：

1. 今天在幼儿园吃了什么好吃的食物？

2. 有什么好玩的游戏或者儿歌？

3. 你最喜欢哪个小朋友或者老师？

4. 你为什么最喜欢某某老师，另外的某某老师好玩吗？

5. 你喜欢她和你玩什么，不喜欢什么？

开放式的问答可以引导孩子关注积极的部分，同时帮助语言能力有限的孩子表达自己，也可以在回复中根据孩子的情绪和内容反馈来捕捉孩子在社交中所经历的事件。如果发现孩子身上确实有不寻常的情况，也需要继续用轻松有趣的问题，借助绘本、动画片、角色扮演等游戏，让孩子用更多语言及非语言形式展现自己的经历和看法。

3.5

性教育，
勇于启齿，分龄攻略来帮忙

· 关于"性侵"，无论孩子还是家长，
  我们知道得太少

儿童性侵犯/性虐待（child sexual abuse，CSA）是指某些成人或者年纪较长的青少年对儿童实施的性刺激的行为，**无论是经过对方同意还是强行要求。**

> **其形式包括但不限于：**
>
> ·直接性交；
>
> ·边缘性行为（恶意触摸儿童隐私部位）；

· 猥亵（将性器官暴露于儿童面前、面对儿童手淫）；

· 强迫儿童观看色情场面；

· 利用儿童制造色情影片；

······

总之，**所有将未成年人卷入性接触（包括直接身体接触和间接接触性行为）以达到侵犯者性满足的行为都属于性侵犯。**

对未成年人的性侵犯是一个全球性问题。在美国，25% 的女孩和 17% 的男孩在 18 岁以前曾遭受过至少一次性侵犯。

据相关部门统计，中国儿童遭受性侵犯的情况是 16 岁以下儿童，每 **5** 个女孩中，就有 **1** 个曾遭到过**至少一种**形式的性侵犯，男孩遭受性侵犯的比例要稍低于女孩，但 **10.5%** 这个数字仍然是触目惊心的。**14%** 的儿童表示遭到过严重的身体侵害。

· 最熟悉的人恰恰是最不安全的

一组数据表明，90% 以上的儿童性侵者都是家人或熟人，且几乎都是男性。30% 是孩子的亲戚，他们可能是家庭中的男性长辈或年长的表兄弟；60% 是孩子熟悉的人，学校或幼儿园的老师、课外班老师、教练、保姆、其他孩子的家长等；只有 10% 是陌生人。

"熟人性侵"已经越来越多地被大众所了解。但是，另一个事实还未被广泛意识到，对儿童进行性侵的不一定是成年人，可能是某个稍年长的堂兄弟姐妹或者玩伴、高年级的同学等。

家长能够做什么？正如清华大学心理学者李松蔚老师在某幼儿园所说：尊重、讲述、整合、透明、勇气、不遗忘。

作为弱势群体中最容易受伤害的孩子，尤其对于年幼的女孩，不要将她单独托付给除了直系亲属以外的任何男性。

公共场所也是儿童性侵犯高发地。很多家长觉得，性侵犯行为一般只会发生在人少偏僻的地方，在众目睽睽的公共场所，坏人怎敢嚣张？其实，从性侵犯未成年人案件来看，很多情况发生在有父母陪同的公交车上、儿童游乐场内、大型影剧院内。对于性侵犯者来说，越是人多的公共场所，越能满足他寻求刺激的心理动因，所以，无论何时何地，作为未成年人的监护人都要提高警惕，不要让年幼的孩子远离自己的视线。

请无条件相信孩子、尊重孩子，捕捉孩子发出的信号。父母是最了解孩子的，如果孩子情绪或者神情有变化，一定要及时了解情况。很多女童被猥亵都是家长在给孩子洗澡的时候才发现痕迹。另外，孩子虽小，有时候却能传达想不到的情况。有一位爸爸向我咨询，说到自己8岁的女儿放学回家总说路上有鬼（平时是两个小女孩一起走回家），爸爸觉得很蹊跷，孩子并没有看什么恐怖故事，于是他在放学后暗中跟随孩子。结果发现是一个陌生男人连日来在跟踪两个小女孩，立刻报了警。假如爸爸和孩子说："你是不是想多了。"或者"小孩子哪知道什么鬼。"可能就会引起一场悲剧的发生。

男孩，也是犯罪目标。我国《刑法》规定的猥亵儿童罪的犯罪对象包括男女儿童。对于男孩，很多家长容易放松警惕，殊不知，一些罪恶之手专门寻找男性儿童，有的男孩受到性侵犯后，怕丢脸、怕被取笑始终隐瞒，对心理造成很大伤害，甚至这种影响会持续到成年后。所以男孩家长同样要有防范意识和知识，一旦发现孩子遭到侵害，不论事出何因，都不要过于责备孩子，要多给予关心、陪伴和疏导。

不要吝啬和孩子开口表达爱。不管孩子经历了任何事情，哪怕平时对孩子批评责备，都一定多和孩子表达，不管发生什么事情，爸爸妈妈都爱你，所有的事情都可以和爸爸妈妈说。只有孩子无条件地信任父母，才会在被侵害的初始阶段将情况及时告诉父母，避免更大程度的伤害。

性教育，父母必须给孩子上的一堂课

性教育第一课应该在孩子 1~2 岁性别观念刚刚萌发，开始对身体和性别差异有意识的时候进行。可以在洗澡或者换衣服的时候告诉孩子：**小背心、小裤衩覆盖到的地方，**坚决不允许别人触碰，触碰别人的这些地方也是不可以的。每个人的身体只要自己不愿意，都不可以被别的人触碰。即便是父母，触碰宝宝的身体也需要宝宝允许。随时可以和别人说"不"，**你的身体你有说"不"的权利。**

有时候父母觉得难以启齿，又担心尺度拿捏不好，这个时候就需要借助合适的工具。适合的性教育绘本、性教育动画片等。最重要的是**不要回避孩子提出的关于性的任何问题。**根据孩子的年龄段，用浅显易懂的语言客观描述，父母越遮遮掩掩，孩子越容易觉得性是**羞耻**的，遇到危急情况不敢和父母表达。

· 不同年龄段性教育，有不同的要点

朦胧期 1 ～ 2 岁

典型特征：萌发性别意识

1~2 岁的孩子就会注意到男、女身体上的区别。2 ～ 3 岁语言飞速发展期的孩子会提出一些令成人十分尴尬的问题，诸如"弟弟为什么有'小鸡鸡'？""我从哪里生出来的？"这个时期随着如厕训练的开展，孩子也会发现男女排便方式和性别上的差异。

教育重点： 慢慢帮助孩子认识男女之间的区别，告诉孩子身体是属于自己的，如果有人随便触摸你身体的任何部位，使你感到害怕、奇怪或者不舒服，你一定要告诉爸爸妈妈。

性蕾期 2 ～ 4 岁

典型特征：发现性别区分

这一时期的性教育是今后性成熟的基础。不少孩子在 2 岁左右开始玩弄自己的生殖器，这是他们的一种性游戏。遇到这样的情况，父母千万不要苛责孩子。引导孩子以正确的方式对待自己的私处，比较好的方式就是给孩子穿封裆裤，每天给他安排丰富多彩的活动，以便转移他的注意力。

教育重点： 父母可以在日常生活中选择适当的时机让孩子明白，身体的哪些部位不宜

暴露；哪些事不适合当众做，但可以在卫生间或自己的卧室做；有些事情男、女要分开做等。

依恋期：4 ~ 6 岁

典型特征：开始产生"恋父"或"恋母"情节

这个时期的孩子开始"他恋"，第一个目标是他的异性亲长，又名恋母（父）情结。温馨快乐的家庭会对孩子产生深远的影响，当好孩子的性楷模十分重要。

教育重点：父母尽量处理好家庭关系，异性父母和孩子相处须注意分寸。即便是父母，也需要在孩子允许的情况下才可以触碰孩子。当孩子不想被别人接触身体时，可以明确告诉他人。告诉孩子如果某人触摸你的身体后让你迷惑不解或让你保守秘密，一定要告诉家长。

潜隐期：6 ~ 12 岁

典型特征：假同性恋现象

这个阶段的儿童性心理比较平静，男孩喜欢与男孩为伴，从事某些比较剧烈与冒险的游戏，而女孩则喜欢与其他女孩一起从事跳舞、跳橡皮筋等温和的游戏。

教育重点：不避讳任何性问题，没人可随意触摸自己的隐私部位。有被冒犯或者不舒服的情况，要告诉父母、老师等其他成年人。

青春期：12 ～ 18 岁

此时的重点更多的是在性安全和性卫生方面，父母不能直接禁止孩子对性行为的好奇心，让孩子通过正常渠道去了解性知识，正确看待男女差异和性关系。

新闻的热度可能只持续几天，但对未成年人，甚至对成年人的性侵犯事件却每时每刻都会发生。

"这世界最大的悲剧不是坏人的逍遥而是好人的过度沉默。"现实中，确实有许多悲剧是因为集体的沉默给受害者带来更大的伤痛。有勇敢的大人，才能有勇敢的孩子。别只满足于"口水战"和"键盘侠"，我们以"建设性"的方法参与到孩子的教育中，重新找回第一责任人的话语权和责任感。孩子的未来，在我们手中。

中国的传统文化是很避讳直接谈"性"的，性是如此的晦涩、隐蔽、羞耻，以至于我们都觉得它是上不得台面的。为人父母即便觉得该对孩子进行性教育也是避而不谈，能躲则躲，甚至推给了学校和老师。

但**在儿童性教育方面，父母是老师，家庭是课堂**。越是三缄其口、闪烁其词，越容易让孩子对这个话题有偏激的看法。最可怕的是：**你不敢说的，总有坏人用可怕的方式让孩子知道。性教育，不仅一定要谈，更要会谈。**

3.6

死亡教育，
和失去的好好告别

· 谈死亡，比死亡本身更让人哀伤

我们该如何和孩子谈死亡？

说他出门远行了？

对孩子而言，面对没有说再见、没有"告别仪式"就离去的亲人，孩子不知道他何时远去，为何远行，何时回来，是否回来……对孩子安全感和信任感的冲击不亚于说"我不要你了"。

说他去了天堂？

对孩子而言，天堂是痛苦的还是快乐的？生命的终极是飞天还是成仙？如果死亡如此美好，为什么我们还要在人世间经历现实的苦难和情感煎熬？这样闪烁其词，无疑让孩子对死亡既困惑又恐惧。反而有可能引发进一步的创伤或者应激障碍。

说他睡着了？

对孩子而言，为什么睡着了就不再醒来？我睡着了还会醒来吗？爸爸妈妈睡着了会不会也不醒来了？诸如种种，孩子对于真相的怀疑、猜测、害怕、惊恐都会成为心灵世界的一个炸弹。

在给孩子人生的"乌托邦"与现实之间，在理想国与一切都会终结的惨淡之间，我们如何告诉孩子：**生死之间，世界究竟是什么样子？**

·生死，是人生的必修课

在我们所接受的教育中，一直缺席"死亡"这一课。死亡似乎是极其不吉利的，不能直接说"死"，要说"没了"或者"逝世"，皇帝是"薨""驾崩"……连过年过节都有这样那样的忌讳避免触及"死亡"字眼。好事成双，三五成群，就是不能"不三不四"，"四"

同"死"，我们会刻意避免这样的数字，这些都在潜意识中告诉我们"死亡"太可怕了，谐音都不要有。

对比一些有信仰地区对于死亡的哀悼与憧憬，"好好告别"在我们的文化里显得分外不被重视。某些国家对于幼儿园小朋友开设有"死亡课程"，而我国高校2012年开始才有"生死课"。

前段时间朋友推荐给我的丹麦绘本《爷爷变成了幽灵》把我看哭了。讲的是一位爷爷突发心脏病，死后变成了幽灵，在夜晚来到孙子房间，小艾斯本见到爷爷后非常惊喜，每天晚上都和爷爷玩耍，但是爷爷很不开心，他说自己"忘了做一件事"……他们回忆了半天，最后爷爷说："我忘记和你说再见了！""再见——"故事中的一老一小都哭了，我也留下了眼泪。

对于孩子来说，只有身边的亲人离去了，父母才惊恐该如何才能面对孩子的疑惑。那个活生生陪在自己身边的人，突然就再也不见了，小孩子如何理解，如何接受生命这么复杂的经历？

知名主持人白岩松说："中国人讨论死亡的时候简直就是小学生，因为中国从来没有真正的死亡教育。"

法国哲学家冉克雷维说："提早认识死亡才会深刻人生。"

法国思想家蒙田说："预先考虑死亡就是预先考虑自由。"

西班牙哲学家萨瓦特尔说："认识死亡，才能更好地认识生命。"

· 死亡让我们分离，爱让我们永生

墨西哥著名作家、诺贝尔文学奖获得者奥克塔维奥·帕斯曾说："死亡其实是生命的回照。如果死得毫无意义，那么，其生必定也是如此。""死亡才显示出生命的最高意义；是生的反面，也是生的补充。"

影片《寻梦环游记》中讲到了墨西哥一年一度的亡灵节，传说中这一天，是去世先祖们从另外一个世界来到人类世界，与自己子孙后辈"团聚"的一天。特别之处在于，因为有了"记忆"，这一天并不像别的国家的"鬼节"一般悲伤，反而因为连接和温情显得更加欢乐。

网友"虎哥"说，他已经很久没在电影院里哭得像个小孩子了，他想起这样一句话：**人有三次死亡，第一次是生物学上的死亡；第二次是在葬礼上，社会宣布你死亡；第三次就是最后一个记得你的人离开这世界。**"如果电影里的故事是真的，那么我们对逝去亲友的思念也就有了意义。"

这也是《寻梦环游记》体现出来的三种死亡形态：

1. 肉体的死亡，死亡的常态。

2. 被怀念的死亡，依旧被铭记，所以在精神和灵魂上还以某种情感形式存在。

3. 终极的死亡，肉体已逝，无人铭记，世上再无任何可见可循的痕迹，真正的消逝。

从这个角度来说，死亡教育并不只是给孩子的，也是给每一个没有机会好好告别的大人的。

·死亡教育，也有分龄攻略

匈牙利心理学家玛利亚·耐基早在 1948 年就研究了如何对孩子进行"死亡教育"，经研究发现不同年龄阶段的孩子认知程度不一，应该根据孩子的理解能力和发展阶段，有差异地谈论死亡。

朦胧期：0 ~ 4 岁

0~4 岁年龄的孩子对"死亡"没有概念，更多的是面对"分离焦虑"等物理空间上的分离而产生的情绪反应。也很少主动提出对于死亡的疑问。孩子无法区分死亡和分离的概念，因此这个阶段不应该主动和孩子聊起"死亡"的话题。孩子的心理成熟度是一个发展的过程，这个时候与孩子谈起死亡，反而会适得其反，更多的关注点应该是给孩子创造一个安全的环境，帮助孩子建立安全感。

如果这个年龄段的孩子问到关于死亡的问题，父母可以用比喻、拟人的方式跟孩子解释死亡，或者用绘本、动画、故事里的分离场景来帮助孩子理解，比如"老爷爷死了，就是永远离开了。""小兔子死了，它睡着了要做一个很长的梦……"

感受期：5 ~ 9 岁

学龄期的孩子，并没有真正理解死亡的含义，但出于好奇或者别的原因，经常会问及与死亡相关的问题。面对这类问题家长不应该恐慌，更不能吓唬孩子，应该坦然回答不躲闪，因为家长坦然的态度会让孩子认为死亡是一件正常不过的事情，如果家长对这个话题非常敏感、忌讳或禁止谈论时，就有可能把死亡这个概念和可怕的东西联系起来，进而使孩子产生恐惧。

发展成熟期：10 ~ 18 岁

10~18岁阶段的孩子随着逻辑思维和认知能力的飞速发展，逐渐对死亡有了成熟的认识，意识到死亡是不可避免的，不可逆的，更是永久性的。这时家长不应该通过编造的童话故事去"忽悠"孩子，而应理性地告诉孩子死亡是每一个人都要经历的事情，每个人的生命都是有限的，应该热爱生命，珍惜生命。将孩子对死亡的恐惧引申到对"意义"和"价值感"的追求之上。

如果性教育的意义是自我保护和自我价值，那么死亡教育就是自我觉察和自我重塑。

性教育是阶段性的，死亡教育是终身的。因为生死本身，就最值得思考。

有原始的恐惧和冲动，所以有所敬畏更有所追求。每一次对死亡的思考，都是对生活本身的反思。因为生命的有限，故有所为而有所不为，因为梦想的可贵，故有所爱而有所不爱。死亡本身，就是去伪存真。

死亡不是终结，遗忘才是。

只要还有爱，就没有遗憾。

霸凌教育，
不欺负人也不被欺负的真谛

经常有父母遇到孩子和其他小朋友在社交中出现冲突、暴力，甚至霸凌的情况。2017年席卷新闻界的名校霸凌事件让很多人第一次知道了有一种社交暴力叫"霸凌"。"霸凌"是音译英文"bully"一词，"bully"指恃强欺弱者、恶霸。霸凌是一种有意图的攻击性行为，通常会发生在力量（生理力量、社交力量等）不对称的学生间。被大多数人接受霸凌的定义是挪威学者 Dan Olweus 提出的"一个学生长时间并重复地暴露于一个或多个学生主导的负面行为之下"。对于父母来讲，孩子可能从入园到上学之后都会遇到社交中的此类问题，我们当然希望孩子永远不要陷入这样的境地，如何才能不被欺负，也不去欺负别人呢？

在很多绘本、动画片里面都有一些主人公被霸凌的故事，比如《别欺负我》中，吉姆小朋友被高年级的孩子霸凌了，很难过，但她在老师、朋友们的帮助下一起想办法解决了这个问题。在给孩子们读这本书的时候，可以用我们的"玩绘本"或"玩动画"的方式讨论一下——主角遇到了什么事？什么叫作霸凌？霸凌的受害者是谁？受害者心里什么感觉？旁观者又是什么意思？最重要的是和孩子讨论当自己或别人被霸凌时的感受，并且思考解决办法。提醒你的孩子，霸凌不仅仅意味着侮辱或是伤害别人，也包括不允许某些人加入游戏或是小组活动、嘲笑别人、说刻薄的话、威胁、性侵害、强行身体接触、推搡，甚至抢走别人的东西，这些都属于霸凌行为范畴。

父母作为孩子成长中的第一责任人，不仅肩负着监护职责，还承担着教育的重任。在解决霸凌问题时，最重要的任务是帮助孩子建立同理心，教会孩子尊重、包容和接纳。**一方面提高孩子的自我保护和自我约束意识，另一方面让孩子学会正确的社交规范，锻炼孩子解决问题的能力。**

父母和孩子可以如此约定：

· 我的嘴巴，是用来微笑和说话的。

· 我的双手，是用来握手和拥抱的。

· 我的语言，是用来表达和沟通的。

· 我的行动，是用来解决问题和帮助别人的。

· 我的朋友，是用来互相关心和互相帮助的。

· 我不会伤害别人。

如果自己或者别人受到了任何欺凌：

· 我会及时说"不"。

· 我会像狮子、野狼、猛兽一般用犀利的眼神盯着对方。

· 我会突然大叫，给对方威慑。

· 我会把冒犯我的人当成空气，对他不屑一顾。

· 我会大声求助。

· 我会迅速离开。

· 我会告诉父母或者老师。

· 我会去寻求帮助。

· 我会唱令人振奋的歌、跳令人振奋的舞蹈，将愤怒吼出来。

· 我不会支持欺凌弱小的人。

· 我会学着接受别人本来的样子。

· 我会努力善待他人。

· 我会记得自己的优点，并且相信自己是可爱的。

告诉孩子，如果你遭到了霸凌，请记住：

1. 这不是你的错！ 没有人应该被霸凌。

2. 不要露出害怕和退缩的神情。 要昂首挺胸地大步走开，或者大声斥责威慑对方。

3. 及时寻求帮助！ 不要害怕老师、家长或者别的成人会不相信你，一直诉说和求助，直到有人相信你，并愿意出手相助。

4. 不要轻易以暴制暴。暴力永远不是制止暴力的方法。

5. 制定一个问题解决前的替代计划，保证自己的安全。比如短期内换一条路回家。

6. 你是可爱的。家人和朋友永远爱你、相信你，并且愿意和你一起解决问题。

7. 你有很多优点，参与一些能让自己振奋起来的活动。比如唱歌、跳舞、画画、做游戏。

如果你目睹了霸凌，请记住：

1. 换位思考。很多被霸凌者或许有一些独特的外表或者着装，看起来与大多数人不同，学着接纳每个人本来的样子。

2. 说出真相不代表背叛。背叛的告密者是为了陷害别人，而说出真相是为了帮助别人以及解决问题。

3. 及时求助。当看到有人正在霸凌别人，及时告诉你周围有能力解决问题的成年人，包括老师、家长等你可以信赖的人。诉说真相，直到有人采取行动。

4. 做一个积极的旁观者，而不是消极的参与者。不要附和或者参与霸凌行为，更不能鼓励和赞同这种事情。

5. 霸凌者很可能也需要帮助。 有一些霸凌者可能自己遭遇了暴力或者极端事件，自身也有一些问题，虽然这不是任何人伤害别人的理由，但是也要站在受害者和迫害者两个角度看待问题。

6. 加入身边的反霸凌组织。 如果你周围的学校和社区有这样的机构，参与进来，用自己的力量为反霸凌行动做贡献。如果没有，可以协助成立这样的组织。

7. 如果你帮助受害者寻求帮助了，但还是没能帮助到受害者，那不是你的错。

8. 任何时候，任何原因，不要伤害别人。

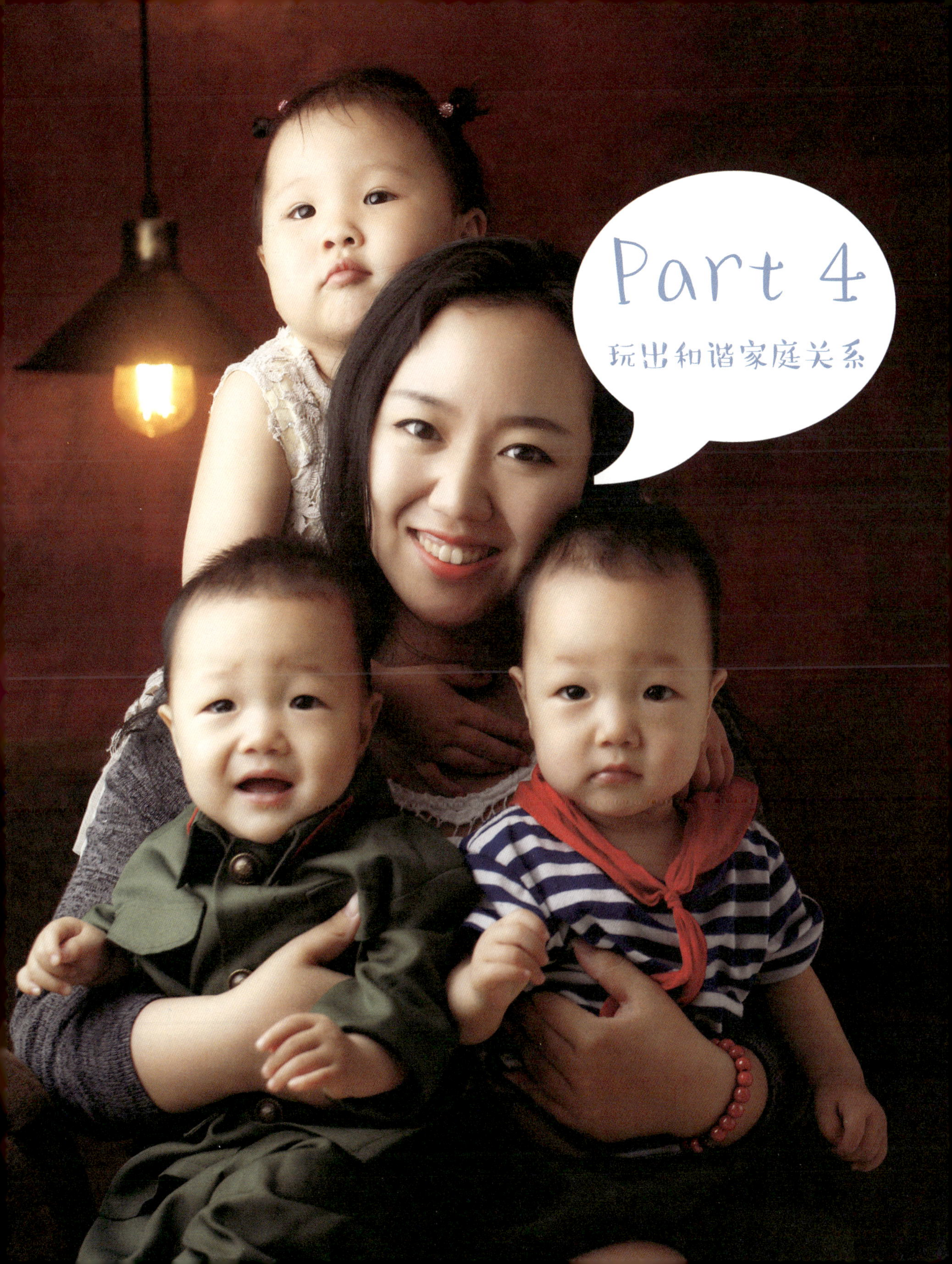

Part 4

玩出和谐家庭关系

4.1

家庭冲突
是最好的 "情商实战课"

都说家是讲爱的地方，在有了孩子以后的岁月里，我们发现家里不仅伴随温情，更多时候还有冲突和矛盾。婆媳、夫妻、手足，有关系的地方总是伴随着各种纠葛。剪不断，理还乱。

在这样复杂的家庭关系中，如何给孩子一个和谐的成长环境，显得更为重要。

当妈妈们聚集在一起的地方，有两个话题经常会讨论到。一个是婆婆，一个是老公，而且，往往每一个婆媳关系紧张的家庭里，都有一对战火纷飞的怨恨夫妻。如果说家庭中的冲突无法避免，怎么样实现"逆袭"，把火星撞地球般的矛盾沟通变成孩子"情商学习"的黄金机会？

4.2

婆媳矛盾，
真的是无法破解的迷局吗

中国式家庭关系亲密温暖，但也缺乏了界限与独立。有些是文化和社会因素，有些是经济和现实因素，加上隔代育儿在中国的普遍性，婆媳沟通的难题就会愈演愈烈。只要两代人在一起，必然会有生活方式、思维理念、角色立场的差异。有人这么比喻，一对夫妻躺在床上，其实躺着六个人。每个人，都或多或少沿袭了原生家庭处理情绪、面对冲突的方式。

对于妈妈这个角色而言，婆媳的格局也经历了社会的变迁。旧时代是三年媳妇熬成婆，媳妇只能顺从，婆媳之间的格局模式单一。新时代的媳妇是钢筋混泥土，家庭事业两头挑，自然也在家庭中需要更多平等的话语权。所以年轻妈妈和婆婆之间的沟通更加开放、平等，更敢于表露自我。过去是"三年媳妇熬成婆"，现在是"十八能媳妇单挑"，矛盾和分歧自然也随着时代的变迁而集中暴露。

很多人总说"婆媳矛盾"，但是婆媳矛盾根本上不是婆婆和媳妇的矛盾，是婆婆、儿子、媳妇三个人之间的关系。男性是中坚力量，不是边缘角色。婆媳问题的本质是原生家庭和新生家庭的对话。分离得好，相互独立彼此依存，分离得不好，相互制约彼此冲突。

有人抱怨，婆媳之间容易天然有敌对感。其实是因为原生家庭的亲子关系超越了夫妻关系，婆婆在过去的家庭生活中将情感和精力过多地依附在儿子身上。"我不离婚都是为了你"，"妈除了你什么都没有"……这样的"专属感"和母子间过度的依恋关系会导致强烈的依赖、无法独立、无法分离。儿子成为母亲的"精神伴侣"和情感寄托，媳妇很容易成为母子二元关系中的假想敌和入侵者。

很多有强烈控制欲的婆婆，本身也是有分离不够、缺乏边界的问题。对于年轻妈妈来说，首要的功课就是学会善意感激、委婉拒绝，让夫妻新生家庭的主角地位重新确立。

让人心生厌恶的"巨婴男"，表面上看是成年后恋母情结严重，本质是母子分离不够。一个不愿放手，一个不愿独立。很多惯性应酬和晚归的"加班男"乐得把琐事都留给妈妈和媳妇，甚至逃避本该自己面对的战场，推卸自己成长的任务。

解决婆媳矛盾的答案，在新生家庭里。一旦原生家庭的妈妈意识到自己的儿子不只是自己一个人的儿子，而是儿子新生家庭的男主人、丈夫、父亲，那么自然能够接纳儿子的独立，也会试着去理解和接纳新生家庭小夫妻的个性与差异。

· 婆媳关系难免遇到隔代育儿矛盾，该如何面对

隔代育儿，是当下中国家庭普遍要面对的一个问题。一方面从经济角度、安全角度考量，婆婆和亲妈是年轻夫妻育儿的得力助手，另一方面，**隔代育儿对孩子的情绪发展也有积极的影响**。大多数时候，接触多种类型的抚养者给孩子提供了相对多元的社交环境和丰富的刺激，孩子也可以和多个抚养者建立多重依恋关系，积累更丰富的情绪经验。隔代照顾者对于

孩子照顾的时间、耐心、爱心的投入也占有很大优势，为孩子提供有力的情感支持。但是不能用隔代关系代替亲子关系，隔代只是帮手，不是主角。

当婆媳矛盾延伸到隔代育儿的时候，就像战火从一个战场蔓延到另一个战场，哪里都是冲突。该怎么协调和处理呢？

首先，建立育儿统一战线，抓大放小，非原则性问题求同存异。不苛求完全意义上的一致性，只有适合孩子的养育，没有绝对完美的抚养方式。不大撒手，不做"留守妈妈"，保持育儿中的付出度和责任感。比如有的人觉得必须亲密育儿，孩子必须坚持吃母乳到 2 岁以上，有的人奉行独立育儿，刚出生最好就分床睡。老一辈人的有些观念确实与我们大不相同，具体来讲，孩子多吃一口盐、少穿一片纸尿裤、多抱几分钟真的都是不可妥协的原则问题吗？把孩子放在家庭这个环境中来看，让科学为家庭服务，而不是被科学绑架了家庭关系。

其次，妈妈也需要通过有效的成长，来增加话语权。① 注重自身理论的学习和个人成长，遇到育儿问题心中有数。② 能够给孩子更多高质量的陪伴，建立安全的依恋关系。③ 从"育儿小白"变成"达人妈妈"，做隔代育儿中的主角和主教练。④ 永远做孩子成长的第一责任人。

再次，夫妻关系需要高于亲子关系，建立或者重新明确家庭秩序，才能从根本上解决隔代矛盾。婆婆一定不是妈。没有义务，但多了责任。婆媳之间是没有血缘关系的亲人，因为婚姻而形成的亲情。注重这个界限感，会更加感激、珍惜，而不是理所应当或者横加指责。

还有，避免踩坑。有些禁忌也是沟通中需要避免的。最重要的是不当着孩子的面攻击对方，孩子最亲的人之间的相互冲突容易破坏孩子的安全感，阻碍孩子的心理发展。让孩子看到最爱的人之间的撕扯、攻击、谩骂，才是得不偿失。切忌得了便宜还卖乖。自己无法独立，一边心安理得地"啃老"，一边孜孜不倦地给长辈差评。

最后的终极方案，只有包容或者躲了。 在咨询中我会遇到一些极端的案例，遇到"奇葩"婆婆，妈妈自觉完全无法沟通，而且极大影响了自己的育儿、心理状态和夫妻感情。杀手锏是——躲。如果新生家庭确实离不开老人的额外帮忙，多关注积极的部分，消极的部分接纳并包容。如果无法对话，自己扛起新生家庭的责任，远离婆婆。

婆婆不是生母，是没有血缘关系的亲人，婆婆帮忙不是义务，是情分。所以更需要心存感激，不管是丈夫的成长还是新生家庭的发展都离不开上一辈的经营。求同存异，多和老人沟通，不管是发自内心的赞美还是礼物都是给和谐家庭关系添砖加瓦。发自内心地看到老人"爱的本质"和"爱的差异"，动用丈夫这个积极的资源，让新生家庭与原生家庭在分离中走向互助。

隔代育儿，如果能让孩子真实地感受到，**尽管爸爸妈妈和爷爷奶奶如此的不同，但是她们都爱我，而且都在用自己的方式爱我。** 那么这样的差异和不同，就是有价值的，能够让孩子获得更丰富的情绪经验。

4.3

夫妻矛盾，
是训练孩子情商的重要一课

隔代育儿和夫妻育儿冲突的本质原因都可以归于一点——当亲子关系高于夫妻关系，就会出现错位和矛盾。

最理想的家庭是爸爸妈妈相爱，然后一起爱孩子。

作为最复杂的亲密关系，夫妻关系是熟人社交关系中最让人头疼的。因为生活习惯差异、思维方式、文化习俗、财务因素、隔代关系、育儿观念不一致、夫妻生活不和谐等各种理由都会成为夫妻关系危机的导火索。而育儿，就是已育夫妻矛盾的主战场，夫妻因育儿问题吵架的根本原因是夫妻关系紧张，各自为战，因观念不合和情绪不和导致的矛盾大爆发。

令很多中国妈妈心寒的丧偶式育儿，往往都是妈妈做多、管多、批评多，爸爸做少、陪少、成就少。然而一边责备对方，一边用彼此的冲突来惩罚自己的孩子，其实是对孩子更大的伤害。

· 父母吵架是怎么伤害到孩子的

心理学、医学、脑科学等研究发现，父母激烈争吵对孩子的健康情况影响深远。诸如大脑发育、心理健康、情绪问题、行为问题，甚至生长发育问题、体弱多病和青春期问题都是父母吵架甚至家庭关系紧张对孩子产生了不可忽视的副作用。

父母激烈争吵容易让孩子产生消极的感受。① 父母吵架是因为我，引发错误归因。② 最亲近的人激烈冲突，失去安全感和稳定感，不知所措。③ 情绪上的连锁反应就像"踢猫效应"一般，负面情绪被持续传染、酝酿、升级，强烈的负面情绪又会引发应激反应，继而引发心理和行为问题。

父母争吵时候的暴力行为比语言冲突更伤害孩子。首先是情绪经验的消极学习，孩子成长的主要方式是模仿，暴力行为特别容易被孩子习得，即便在无意识状态下孩子也容易采取自己熟悉的方式来处理问题。其次，父母的暴力示范，会让孩子认为处理冲突和问题的方式就是暴力。再次，创伤的代际传递，孩子因为习惯了父母的暴力，日后容易在亲密关系和社交中变成施暴者或者受暴者；不容忽视的是，孩子当时的情绪波动和情绪垃圾也会慢慢积累。

作为从像连体婴一般相爱，走到冲突不断的独立个体，再到彼此尊重和谐相处的夫妻。两个人从 1+1=1 发展到 1+1=0 再到 1+1>2，每一步都伴随着彼此差异的磨合和冲突。有一些沟通中的陷阱，特别容易招致激烈的争吵和对抗（亲子关系中也同样适用）。

☆ ☆ ☆ ☆ ☆

1. 责备和问罪

2. 谩骂

3. 威胁

4. 命令

5. 说教

6. 警告

7. 控诉

8. 比较

9. 讽刺挖苦

10. 预言

这些陷阱翻译过来就是"我是对的"、"我付出的更多"、"我是为你好",本质都是控制。

· 孩子害怕的不是父母吵架，而是父母不会好好吵架

了解了吵架对孩子的伤害，很多人会问，是不是父母一定不能当着孩子的面争吵？也不绝对。如果父母以"非暴力沟通"表述自己的需求、感受和想法，并且积极寻求问题的解决方法。反而是对孩子很好的情绪训练。但是尽量守住底线，不对彼此进行人身攻击。父母是孩子最亲近的人，太过激的言行容易影响孩子的安全感和自我评价。对于孩子而言，没有什么比"我最信任的人是个混蛋、坏人"更具破坏性的了。

总的来看，父母不吵架分两种，一种是所有情绪和感受得到了充分表达和合理沟通，不需要吵架。另一种是为了不吵架而不吵架。第一种是真和谐，第二种是假和谐。真和谐的父母一定是很好的情商教练，假和谐的父母反而无法真实表达自己，为了孩子而压抑自己的真实需求，情绪不是流动的，孩子只能看到彼此的妥协，而看不到冲突化解和问题解决的过程，缺乏真实的"冲突案例研究机会"。孩子长大以后，在社交中也不一定会很好地表达自己，应对冲突。我曾经接触过这样一个案例，父母近十余年不说话，分房分餐，连家里老人出殡这样的大事都是靠别人传话，相互之间不仅零吵架，更是零交流。这样的假和谐之下，家里几代儿孙的社交都比较封闭，亲密关系也很有问题。**不吵架，不代表真和谐。**

小吵怡情，大吵伤心。爸爸妈妈怎么争吵才能不伤感情、不伤孩子？非暴力沟通示范给了绝佳的对话技巧。首先需要先处理心情，再处理事情，自己先要有意识地处理好不愉快的情绪，而不是任由负面情绪蔓延给家人。因为我们在强烈的情绪面前，都容易进入应激状态，有一些非常态的言行。其次，对事不对人，善用"我式"沟通法，说自己的感受而不是抱怨。再次，夫妻也需要共情，换位思考，想想对方的需求和感受。冷静下来后，努力寻求解决办法。

我个人的体会是吵架很容易越吵越凶，深呼吸，暂停几分钟都是让情绪降温很好的缓冲办法。每对夫妻沟通模式不同，有人习惯热吵，有人喜欢冷战，都不能太过度，有个时间差让情绪平缓一下，过后一定要好好沟通，交流彼此的想法、需求，找到解决问题的方法。当然，

关系就像双人舞，每个家庭都有自己处理问题的独特模式，然而都离不开真实的表达和彼此的和解。

·父母失控后，重建比回避更重要

父母吵架失控后，最重点的工作是让孩子看到父母和好的过程。

真诚地告诉孩子，爸爸妈妈确实处理欠妥。首先，向孩子解释人与人之间是有差异有冲突的，父母只是在某些事件上有分歧。其次，坦言这次争吵是父母的事，与你无关，并不是因你而起。最重要的是告诉孩子，爸爸妈妈不管发生什么事都爱你。最后别忘了在战火消散后，告诉孩子我们已经和好了，下次遇到分歧我们也会妥善处理。

如果孩子在父母争执后已经有强烈的情绪问题，甚至异常行为，有攻击性，可以通过安全的攻击性游戏帮助孩子宣泄情绪，比如打枕头或者我们前文提到的高强度游戏。还可以通过角色扮演游戏，让孩子重演现场，比如孩子当爸爸，玩具做妈妈，让孩子可以理解真实的冲突和情绪。当然，通过讲绘本、玩画画、玩音乐等表达方式也都可以帮助孩子梳理和宣泄自己的情绪感受。

在**一段完美争吵（冲突－和解－重建－修复）**中，父母真实呈现了自己在亲密关系、社会交往中的冲突与矛盾，孩子可以从第三者的角度看待父母是如何在冲突中走向合作的。情绪的爆发、感受的表达、情绪的描述处理与控制、问题的沟通与解决……可以说是最好的实战案例分析。尤其是父母通过对立走向和解的过程，让孩子也获得了这样的情绪经验。

我们普遍认为父母的吵架模式会复制给孩子。儿童成长最重要的方式之一是模仿，情绪经验的传递就是孩子安全感、信任感、情绪管理能力、社交能力的全面学习。但是，不一定父母吵架对孩子的影响就是不可逆转的。在一段"完美争吵"或者非暴力沟通模式中，孩子是在积极地进行社会情绪学习和问题解决。在负性沟通模式中，父母吵架，孩子很容易因模仿和情绪经验的习得而转为消极复制，但是也有可能批判性地继承父母的经验，随着成长的历程，孩子也有主动思考和自我修复的能力。

　　天下没有无分歧的家庭，夫妻争吵对于孩子而言，是一种真实而又强烈的"非常体验"。好好说话，好好吵架，好好重建，在真实流动的情绪中，给孩子稳定和谐的成长环境。

4.4

手足相争，
玩耍中建立规则

不论我们愿不愿意承认，多子女家庭的手足间争宠是必然的。这是一个世界性的难题。在父母的精力、时间、资源一定的情况下，争夺是动物的求生本能。手足相争还是一个深刻的人类历史遗留问题。比如舜和象兄弟相争，唐太宗的玄武门事变弑兄等，可以说中华上下五千年，也是手足相争的五千年，希腊神话和《圣经》中也都有着相似的故事。

· 大打出手，亲手足为何真动手

除了有些家长的暴力行为会被孩子模仿学习，甚至当作解决问题的方法习得之外，更多时候，手足的"作案动机"大致有这 5 种类型：

① **失控作案**。年龄小的孩子还不懂得如何控制好自己的肢体，随着大动作和精细动作能力的发展，总会不停地通过嘴和手的活动来拓展自己的活动空间，探索世界。孩子很难理解"抚摸"、"接触"、"握手"、"拥抱"、"打人"、"拍拍"等不同接触类型和肢体力度的区别。很有可能只是想摸摸兄弟姐妹，或者想与别人建立联系，但是控制不好自己的力量。

② **关注动机**。行为心理学家发现，小孩子大概每 20 秒就需要大人关注一次，是不是很夸张？虽然我们大人不会这么"黏人"，但是假如我们的丈夫很久都不联系我们，我们或许就知道这意味着发生了什么事，如果是老板不理我们甚至连批评都不发表了，那就……小孩子更是如此，正向关注或者反相批评都是"关注"。对他们而言，父母的批评都好过忽视。"宝宝永远要亲亲、要抱抱、要举高高"，所以打兄弟姐妹一下，让大人来关注我。在社交中也是同理，很多学龄期的问题孩子看似叛逆、总是欺负小朋友，其实也是渴望老师和同学对他的关注，毕竟比你们喜欢我更重要的是——你们在意我。

③ **玩耍动机**。孩子把和他人的肢体冲突当作了好玩的游戏，比如我碰一下妈妈，妈妈居然还说我"淘气包"，好像很好玩的样子，再来一次吧！和兄弟姐妹的冲突也是如此，尽管对方的情绪反应没有被及时捕捉到，但是安全范围内一个愿打一个愿挨的游戏模式具有社交意义，对孩子而言也是妙趣横生的。

④ **练习动机**。手足之间的打闹，就像动物世界里动物幼崽们的嬉戏玩耍一样，很可能是在强身健体、互动练习、增强技能。科学家们发现，这种练习性的攻击游戏不管双方年龄和力量有悬殊，孩子在大多数时候都能恰到好处地控制自己的攻击力度。

⑤ **情绪动机**。当孩子语言表达能力有限，即便是上了幼儿园的孩子也不见得可以很清晰地说出自己的想法。比如"妈妈没给我糖吃，我太生气了，拍她一下让她知道我的感受"，

于是就把肢体当作了自己语言的延伸，大打出手。试想一下，我们成年人在被情绪绑架的时候还会面部紧绷、肌肉紧张、浑身进入"战斗模式"。何况孩子面对每天和自己分享父母之爱、争抢有限资源的兄弟姐妹，谁还没有过几次暴力"冲动犯罪"行为呢？

· 让手足的拳头，打在爱的棉花糖上

父母当然希望无论何时，自己的孩子们都能手足相亲。然而确实时间和精力太有限，再怎么一碗水端平，孩子们还是容易相互产生争执。对于低龄的孩子，多让他做一些运动和游戏，让孩子手脚充分探索，也可以减少在兄弟姐妹身上"做文章"。可以让孩子感受一下不同的肢体力度带来的感受，告诉孩子"某某很疼，不舒服，你可以抱抱他"，让孩子知道如何用好四肢。

美国幼儿园有一套关于"手是用来抓东西和握手的，嘴巴是用来吃饭和说话的，脚是用来走路和蹦跳的"的标准语术来帮助孩子们理解自己的肢体和使用方法，引导孩子的积极行为。对于二胎家庭的手足冲突很有借鉴意义。但是更多的时候，手足之间是因为"情绪化"而展现出攻击性，这个时候就需要见招拆招了。

说出来，鼓励孩子们用语言描述自己的情绪。通过情绪管理的实际方法，帮助孩子面对自己的真实感受，比如"我生气了，我要哥哥手里的糖……"。或者告诉孩子"妈妈看到你好像有点难过，希望我帮你做点什么？"如果实在无法满足孩子，也可以说"我知道你很想……但是妈妈真的没有办法做到。"

玩出来，和孩子玩游戏，帮助释放情绪。比如通过攻击性的游戏"打枕头"和"推积木"，使孩子可以释放很多负面情绪。我的三个孩子特别喜欢一起跳格子、捶沙发、假装快要打到对方，笑声中身体分泌了大量的多巴胺，手足之间的攻击性行为自然迅速减少。

比出来，用形象的话语来帮助孩子描述情绪。父母可以在生气的时候对孩子说"我现在要爆炸了"，或者告诉孩子我像哪个小动物一样生气等方式让孩子理解父母的情绪，这样孩子也可以知道"情绪波动"是可以描述和表达的。

情绪是孩子成长过程中的主要问题。接纳孩子的感受，但是可以告诉孩子这种行为是不妥当的，然后帮助孩子找到替代方案。"用嘴巴告诉弟弟你的感受，而不是拳头"是更有效的方法。

当了妈妈才知道，童话里都是骗人的，面对手足之间的"问题行为"，我们很容易下意识地认为孩子有暴力倾向，或者担心他们长大后感情问题处理不好，甚至发展成为可怕的问题行为。然而恰恰很多行为是阶段性的或者是有缘由可找寻的。

· 手足相争，比救火更重要的是对症下药

虽然不能完全杜绝手足冲突，但是做好以下几项工作可以减少孩子之间 80% 以上的"战火"。

1. 首先默念十遍：多子女家庭最重要的原则是——让每个孩子都觉得你最爱他。

不是说你要贬低哪一个孩子来取悦另一个孩子，而是让每个孩子都觉得自己独一无二，被父母用最特别的方式爱着。只要让每个孩子都感受到他是足够被爱的，根本不需要频繁争斗。孩子好比热恋中缺乏安全感的男女，一天恨不得问十遍"你爱我吗？"这就是他在反复确认和试探。

2. 保证每个孩子都有属于自己的高质量的"专门时间"。

需要每天有一小段单独和每个孩子相处的时间。哪怕只是 5 分钟，一对一，无打扰，跟着孩子的节奏走（当然要保证安全且不违背原则）。最好每个抚养人都可以上阵，采用"车轮战术"，让每个孩子享受一次单独陪伴。一对一的陪伴能让每个孩子都能感受到父母对他

全身心的关注、爱护和欣赏。坚持一小段时间，你会发现孩子们突然都变乖了。

3. 明确表达爱。

爱要大声说出来，尤其是在和孩子一对一相处的时候，千万不要吝啬你的溢美之词！"宝宝，你是咱们家最勇敢的！""宝宝，你真有办法！"等等。多点真诚，少点虚伪，具体实在地夸夸每一个孩子。不缺乏爱的孩子，才不需要刻意争抢爱。

4. 公平的前提是承认孩子的个体差异。

每个孩子都是与众不同的。据统计显示，家庭中的老大一般更加独立自主、果断勇敢，老二更加活泼开朗、善于交际。这和他们的出生顺序及父母的养育方式有一定的关系。

即便是双胞胎也会有不尽相同的成长曲线和性格差异。如果父母总是一刀切，一味地用同一个标准要求孩子们，比较容易伤害孩子的自尊。敏锐地发现每个孩子的特点，因材施教，才能让每个孩子都快乐成长。

5. 不做裁判和救火员，做孩子们的引导者。

很多家长都喜欢要求老大让着老二，或者让老二听从老大的，表面看强迫孩子分享和礼让是帮助孩子们解决争端，其实是对孩子的一种压迫。老大不管年龄多大，都是爸妈的孩子，老二不管年纪多小，都是独立的个体。牺牲任何一个孩子的自我去换得另一个孩子的心理平衡都是埋下了下一次手足冲突的炸弹。

如果父母因为某个孩子哭闹就以"你看他都哭了，不就是一个玩具吗，给他吧"这样的理由裁决争端，孩子就会慢慢学会用哭闹耍赖等方式更多地获取父母的介入。

所以父母不妨"粗心一点"，只要孩子们没有打闹到场面失控，尽量让孩子们自己找到彼此相处的方式吧。

6. 帮助孩子建立基本的社交规则，鼓励手足合作。

可以通过交换、轮流、排队或者明确物权的方法来帮助孩子们建立基本社交规则。

7. 学会分享，首先要明确物权。

哪些是老大的东西，哪些是老二的东西，哪些是家中公共的设备都需要理清边界。比如我家，每次姐姐看到弟弟抢了她的玩具，打算强抢回来的时候，我会学着小宝宝的声音说："姐姐，你的玩具好好玩啊，我可以借来玩一小会儿吗？"女儿瞬间就收回了伸出的手并说："好啊，你玩吧，一会儿还给我。"

其实，小孩子和大人一样，从来不会去争夺原本就属于你的东西。争夺，有时是源于害怕失去的恐惧。只要肯定了彼此的物权，再渗透规则，减少干预让孩子们自己磨合。这样几个回合之后，孩子们就能愉快地玩耍了。

8. 培养手足感情，建立伟大而深刻的革命友谊。

从怀孕二胎到孩子们能够一起玩耍，不要放过一切可以团结他们的机会。尽情地在彼此面前美言，比如相互帮助选礼物（其实都是妈妈买的），比如分享食物（其实都是吃剩的），都夸奖"真是个好哥哥（或好姐姐）"。

我女儿最喜欢的夸奖就是"好羡慕弟弟们有这么好的姐姐,我怎么就没有呢?你当我姐姐好不好?"这个时候她就会傲娇地笑盈盈地跑开:"不要。"有时候遇到邻居开玩笑说:"宝宝,你家俩弟弟太多了,送我一个吧?"姐姐简直如临大敌,紧紧地抱着弟弟们的婴儿车,拒绝任何人靠近。

我们容易自动选择以暴制暴,或者用冷漠和疏离对待他们。然而还有一种方法"用爱关注孩子,接纳他的情绪,管理他的行为"。更多地去了解孩子问题行为背后的"作案动机",才能看到孩子的"言外之意"。

用更多的爱来关注,用更积极的情绪去引导,用更有效的沟通去示范,高情商的父母能够培养出高情商的孩子。就像绘本《大卫不可以》中讲述的那样,不管大卫多少次"踏入雷区",妈妈总在最后告诉他:宝贝,我爱你。

虽然妈妈不认同你的行为,但是妈妈永远爱你。

重要的不是你有多爱孩子,或者为每个孩子付出了多少,而是你要让孩子觉得你真的超级爱他。**放弃公平,逐个关注,引入规则,给每个孩子它最需要的关爱才是手足相亲的秘诀。**

Part 5

做孩子的成长教练

5.1

允许孩子哭，
比允许孩子笑更重要

每个爸爸妈妈都曾遇到过这样的一幕：孩子把正吃着的零食掉到地上了，瞬间开始扯着嗓子哭喊。不管父母怎么安慰、拥抱，甚至和孩子说"咱们再买一个"都无济于事……看着哭到停不下来的"小泪人"，爸爸妈妈的内心充满了无奈。类似的场景比如玩具坏了、找不到喜欢的书了、爸爸妈妈忘记已给孩子做承诺的某件事情了……不同的小插曲，孩子同样的崩溃哭泣。

我也共情了，我也拥抱了，我也接纳了，怎么孩子还是不停地哭呢？育儿书里的金科玉律到自己孩子这儿怎么就不管用了呢？上一秒还像个小大人，下一秒就变成了小疯子。

孩子所有的行为都是合理的，责备一个小孩子的哭闹，简直和责备"人为什么生下来不会走路"一样残酷。

· 孩子的行为，大多数都是合理的

其实没有那么多的行为偏差。孩子的言行都是在真实地表达自己的需求。

当语言能力不足以表达清楚自己的时候，哭泣、抗拒、叛逆就会成为一种延伸的表达。

如果采用这种观点，孩子的任何行为都是合理的。即便你的孩子在尖叫、在打滚、在暴力，甚至他对你说"我不爱你""我恨你"，你也要先思考他想表达的是哪种需求？你需要在哪些方面引导他？

在小孩子语言能力还不够成熟时，会经常使用哭闹和抗拒来交流。因为非语言形式的表达，是他们有限语言能力的补充。好比我们大人气急了会跺脚、咬牙一样，每一个器官都在服务于我们的"表达"。

即便是青春期的孩子，在生理和心理双重压力下，也会展现出叛逆等非语言沟通形式。比如，和父母唱反调、网瘾、早恋、打架，甚至离家出走。很多时候，我们主观认为这些是行为偏差，而忘记这些是一种表达，是孩子在向父母呼唤理解和引导。

· 和孩子建立连接，比阻止孩子要管用

我们需要"听到"孩子的需求，和孩子建立连接，而不是阻止孩子的表达，更不是逼迫孩子顺从乖巧。

从传统教育的视角上，父母是绝对正确的，家长也习惯于把自我凌驾在孩子之上。因为我们是"权威"，我们会习惯性地把孩子的行为偏差，认为是需要立刻修正的问题。然而这样做的后果，只会把孩子推到与你对立的边缘。

只有接纳，才能真正了解孩子的语言。孩子哭闹的万能对策往往来自于一个大大的拥抱，即便什么都不说，只是陪伴他，孩子也能感受到父母稳定的爱，无条件的支持。**但前提是，你不要一边拥抱着孩子，一边言语里还否定着孩子，这样的"伪接纳"是没有效果的。**

当孩子的需求得不到满足、表达没有被回应、能力不够实现自己的想法时，如果急于阻止孩子的行为，只会让孩子越来越难过，甚至抗拒，即便暂时顺从，也会在别的时候发作。

"宝贝儿，你难过吗？"

"宝贝儿，妈妈陪着你。"

"宝贝儿，你需要妈妈帮你做些什么？"

这样的表达，才能让孩子不纠结在拒绝和限制之中，真实地向父母袒露自己的情感和想法。只有无条件地接纳和理解，才能给孩子足够的支持。

· 孩子哭泣之后，如何和孩子沟通

01. 解读"婴语"，倾听孩子的表达

妈妈是最了解孩子的人，试着去了解孩子的想法，站在孩子的角度去体察孩子的需求。无论我们的情绪如何烦躁，无论孩子的行为多么夸张，无论我们心里有多少责备和抱怨，第一选择，都应该是用平和的态度去面对孩子。

及时捕捉孩子发出的信号，比如生理上是否不适，渴了？饿了？困了？病了？是否因为遭到妈妈拒绝而非常沮丧？是否因没有拿到自己喜欢的零食而着急？当我们看到孩子真实需求的那一瞬间，问题其实就解决了一大半。

02. 给孩子足够的安全感

父母需要帮助孩子建立安全的依恋关系，允许孩子的依赖和自我，耐心陪伴引导。同时利用规律的作息、稳定的环境和明确的规则来帮助孩子。当孩子自己适应好了，或者探索累了，自然不会那么反抗。

03. 拥抱孩子的情绪，充分共情

面对孩子不定时爆发的情绪宣泄，父母不应该只关注孩子的行为，比如哭闹、打人、咬人、打滚、撞头等，更应该关注的是孩子行为背后的原因和情绪感受。

究竟孩子为什么会如此难过或者愤怒？

是什么引发了孩子这样的感受？

是事情不顺利引发的挫折感？

还是父母没有及时回应引起的焦虑感？

是需求被拒绝的对抗？

还是能力与预期不一致产生的烦躁？

安静地陪伴孩子、轻抚后背、拥抱孩子、亲吻孩子，都是表达父母接纳他的感受的很好的方式。

如果只是一味地阻止孩子和责骂孩子，孩子感受到的是被拒绝，他会觉得自己这样感受是错误的。当他被看到、被听到、被允许的那一刻，孩子的情绪才会慢慢回落，破坏性的对抗性的行为也会慢慢停止。

有些妈妈说，当她们开始拥抱孩子，一开始孩子是挣扎的、拒绝的，慢慢地即使妈妈什么都不说，孩子也渐渐停止了哭泣。

04. 放下自己的控制欲

孩子的情绪也会引发父母的强烈对抗和情绪绑架。因为我们感受到被胁迫被控制，"孩子与我作对"或"孩子居然反抗我"，这样的心态其实就是妈妈们感受到了被控制，让我们急于去压迫控制局面，以显示自己的权威。

比如，孩子过一会儿情绪好了，他需要安抚和拥抱，而我们不肯安抚，还美其名曰坚持原则，其实是在变相惩罚孩子。

05. 与孩子互动要有方法

尽量描述细节

比如孩子和其他小朋友玩耍时，孩子被推了一下，很伤心。这个时候妈妈可以说："宝贝儿，我看到某某推了你一下，你很不舒服，对吗？"

客观地描述问题，会帮助孩子去面对和理解事情的发生。之后再去安抚孩子，他感受到的是妈妈认同我现在的情绪状态。

指令清晰易懂

比起唠叨，简单明确地和孩子说"吃饭啦"或"数 10 下我们就出门啦"，在这一点上和激励老公做家务一个道理，语言明确，指令清晰，这样孩子才能更明白我们的意思。

告诉孩子我们的期待

把你的感受告诉孩子，是很有效的方式，比如，你可以这样告诉孩子："宝贝儿，妈妈看到你的玩具撒了一地。我喜欢干干静静的地板，你能帮妈妈一起把它们送回家吗？"

提示视觉化

大脑最喜欢图片，可以在门上贴"随手关门"或者在绘本架旁画上图示"请放回原处"，即便孩子看不懂，也会要求家长把图示上的内容讲给他们听。这样也可以很好地向孩子表达我们的期待和要求。

比如前面提到的制作"情绪温度计"的图表，告诉孩子"妈妈生气到这里了哦"，孩子也会容易理解妈妈的情绪状态。

有的家长会说，遇到孩子做的事情真的很出格，难道也接纳和理解吗？有没有更好的办法？

我们可以限制孩子的不合理、不安全、不符合社会要求的行为，**所有的感受都是被接纳的，但某些行为必须受到限制。**

接纳情绪，规范行为。

比如当看到兄弟相争，弟弟抢了哥哥的玩具，哥哥打了弟弟，我们可以对哥哥说："我看得出来你很生弟弟的气，但是要说出来，告诉他，而不是用拳头解决。"

无论何时，在教育孩子之前，我们都应该先处理心情，再处理事情。

其实，没有不乖的孩子，也没有那么多的行为偏差，只有没被倾听的需求，只有没被回应的呼唤。当你放下对孩子的权威和修正，当你不再认为孩子的行为是问题，当你不再站在完美主义的制高点去要求和说教时，你会发现，你收获的是一份更亲密的亲子关系和一

个更可爱的孩子。

更何况，教育的归宿并不是为了培养顺从和乖巧，孩子下一次哭的时候，请抱他更紧一点吧！

5.2

对孩子发脾气后 的补救方法

· 一次打骂，就永远不是好父母了吗

很多父母都会经历这样的死循环：孩子不听话——打骂孩子——后悔——发誓下次再也不打骂孩子了——孩子又不听话——又打骂——又后悔……

总是有家长问我："我又打了孩子一顿，觉得自己确实有点过分了，每次忍不住打骂，过后总是后悔。有时候，真怕给孩子留下心理阴影，怕他恨我。"看着孩子委屈的样子，眼角噙着泪花，抽泣的背影就像一根根针，狠狠扎着父母的心。甚至有时候孩子还会哭着说："妈妈我恨你！"然后远远地跑开。

难道一次打骂就注定会给孩子留下无法弥补的心理创伤吗？

其实不然，正面管教的创始人尼尔森博士早年也曾经有满屋子追着孩子打的经历，现实中，每个妈妈都曾经历过情绪崩溃的瞬间。真妈妈都会有情绪，假妈妈才是真的云淡风轻。其实只要有**足够的拥抱、真诚的道歉、妥善的自我情绪管理**，做好这三步，我们永远是孩子最爱的爸爸妈妈。

· 拥抱是爱的稳定剂

面对委屈受伤的孩子，最有用的一个方法就是抱一抱。亲子沟通中，几乎没有什么问题是拥抱解决不了的。

对于孩子来说，一个拥抱满足的不只是"皮肤饥饿"，让孩子觉得温暖、安全，更满足了"情感饥饿"。拥抱就是父母用肢体语言在告诉孩子**"我在，我陪你，我爱你"**。

如我们前面说到的，手足相争是常态。但手足冲突在我们家里并不突出的原因就在于——我从不吝啬和每一个孩子表达爱，更不吝啬给他们最渴望的拥抱。**因为接收到足够的爱，所以不需要争夺。**背后的法门不过就是——**爱，拥抱，接纳，认同**。

前段时间，女儿生病了，全家人依次轮流喂药未果。在女儿又一次打翻了药杯后，我终于控制不住冲着女儿大吼起来："烦死了！你爱喝不喝，我不管你了，我去睡觉了，你在客厅自己睡吧！"女儿"哇"的一声就哭了起来："妈妈别睡，我喝。"在爸爸的协助下，总算把药喝完了。晚上女儿躺在床上，显然有些情绪低落。

看着小小的人儿，想想自己发火的一幕，心理不免有些愧疚，转过来抱了抱女儿："宝贝，妈妈永远爱你。刚刚变成大狮子的样子，是不是吓到你了？"女儿瞬间哭了起来，把我抱得紧紧的："妈妈，抱紧紧！"无需更多的言语，只要一个拥抱，我情绪崩溃给女儿带来的副作用便消散许多，女儿平静地睡去。

生活中，为人父母的我们难免会有控制不住自己情绪的时候，这时给孩子一个拥抱十分必要。拥抱可以帮助我们用最快最直接的速度，重新与孩子获得连接，修复亲子关系。**或许我们永远无法成为不发脾气的家长，但是我们可以做一个不吝啬拥抱的家长。**

· "对不起" 是最重要的道歉课

一位妈妈向我咨询。她说，朋友带孩子来家里做客，刚好女儿去上钢琴课没在家。朋友家的孩子看上了女儿的玩具狗很喜欢，一直拿在手里不肯放下。碍于情面，这位妈妈就把这只玩具狗送给了朋友家的孩子。晚上女儿回到家，发现玩具狗不见了，大哭不止。妈妈怎么解释也不管用，女儿用力推开妈妈大叫道："你走开，我讨厌你。"妈妈又气又恼，狠狠地打了女儿屁股几下，为了这件事，女儿连着好几天没有和妈妈说话。

我给这位妈妈的回答是这件事是你不对，你要正式向孩子道歉，孩子才会原谅你。这位妈妈惊讶地说道："可是她都推我了呀！她怎么可以推妈妈？要道歉也是孩子向我道歉呀。"

父母对孩子发火，不管动机如何，对孩子来说都是一件很受伤的事情。一些父母可能会内疚，但也有一些父母碍于面子，将错就错。最好的方法是先要梳理自己的情绪，查找情绪发生的原因，然后勇于向孩子承认错误，承认大人也有做错的时候，和孩子共同想办法解决问题。通常情况下，孩子看到父母反省后，孩子也会认识到自己的错误，并且还能学习到出现问题的正确解决方式。

"对不起，妈妈可能无心中伤害了你。"

"抱歉，妈妈没有处理好这件事情。"

"我的本意不是这样的，我想表达的其实是……"

　　向孩子道歉不仅能够消除误解，澄清我们对孩子的爱和关怀，更能建立彼此沟通的桥梁，通过沟通交流了解孩子真正需要什么。承认自己的言行错误并不是向孩子示弱或者妥协，而是真正站在孩子的立场上感受、理解他们的情绪，也能更好地与孩子一起成长。当孩子能理解到家长的本意是关怀自己，只是表达方式不够恰当，他们的负面情绪才能够得到比较妥善的处置，亲子关系也能因此得到显著的改善。就像美剧《This is us》里面那位爸爸对孩子们说的"对不起，我也是第一次做爸爸。"反而获得了孩子们的理解和支持，亲子之间的误会也烟消云散。

　　另外，对孩子说"对不起"，从某种意义上来说更像是一种仪式感。这种仪式感，会让孩子觉得自己很被尊重。这句话可以让孩子放下心中的恐慌与不安，减少我们的错误对孩子心理的伤害。**也许，我们永远无法成为不发脾气的家长，但是我们可以做一个勇敢道歉的家长。**

· 先处理心情，再处理事情

在我们心情好的时候，孩子即使很淘气也可能被认为是可爱的，而同样的场景，如果放在我们心情烦躁时，则有可能成为我们发火的导火索。了解了以上我们在发火后对孩子的"治愈"方法，并不是说我们可以随时随地、无所顾忌地对孩子发火。学会控制好自己的情绪，才是首要问题。

给大家推荐三步简单的情绪控制方法。

第一步：暂时离开。

当我们想对孩子大吼出来时，可能要先离开现场一会儿，让自己稍稍安静一些。

第二步：做深呼吸。

离开后，闭上眼睛，做一下深呼吸，通过呼吸让自己平静下来。

第三步：问自己 3 个问题。

1. 什么原因让我生气？

2. 我生气是否能解决问题？

3. 如果不能解决问题，我应该选择什么方法来解决？

父母做好自我的情绪管理，会在潜移默化中影响孩子，他们会从我们身上学会怎样管理自己的负面情绪。

孩子会不会留下心理阴影，并不取决于被打骂的强度。比如我们遭遇意外伤害事故，跌倒了，骨折了，或者流血了，都会很疼，但是多数并不会留下心理阴影。为什么呢？ **人的创伤和心理阴影更多地取决于事发时的情绪。**

摔倒了疼痛过后你知道会好的，而且疼痛本身并没有很多极端的情绪。但是被父母长期忽略、恐吓、斥责、暴力对待则会对孩子有明显的负面影响。在孩子小时候，父母的情绪对孩子的影响非常大，创伤后应激障碍（PTSD），说的就是一种因为极端过度的情绪感受带来的无助感、无力感所引发的情绪障碍。

作为父母，只有管理好自己的情绪，才是对孩子真正的保护。不要总是等发了脾气后再去补救。

学会先处理情绪再去处理亲子关系，是日常家庭亲子沟通中的必修课。 在处理好自己的情绪的基础上，再通过有效的亲子陪伴、好玩的亲子互动，给孩子一个更有爱的童年。

或许我们偶尔崩溃、时时困惑、总是焦虑，但我们没放弃自我成长。 在和孩子一起长大的过程中，我们更好地处理好自己的情绪，更好地解决问题，更好地与孩子连接，是伴随孩子成长过程中的重要任务。

为我们自己
"充电"

面对孩子这种"充电 2 分钟，兴奋 10 小时"的生物，家长总会觉得疲惫。

孩子只负责玩，可父母要负责全部的事情，恨不能一手抱娃一手工作或者做家务。在有限的精力面前，陪伴总显得力不从心。

正如前面所分享的内容，玩耍不仅让孩子的童年更有趣，让孩子更有力量和能力，简直是孩子成长的最佳伴侣。可是问题来了，万一父母根本玩不动呢？我们也想给孩子更好的陪伴、更丰富的玩耍体验、更亲密的亲子连接，可是，总会遭遇"没电"的时刻。

加班太累，回家只想瘫在沙发上安安静静地休息一会儿。勉勉强强给孩子讲 1~2 个故事、玩一小会儿积木就已经严重"缺电"，这个时候面对缠着我们的孩子，之前谈的"先处理心情，再处理事情"立马飞到了九霄云外。身体都要自动关机了，哪里来的好心情？疲惫、烦躁、压力立刻让我们成为了假妈妈、假爸爸。瞬间的情绪爆发又会变成下一轮"踢猫效应"，传染给全家人。

不如，给自己一点点时间，充个电吧。

不仅孩子需要高质量的陪伴，我们自己也需要高质量的独处。孩子需要成长，我们也需

要滋养。跳出琐事和纷扰，躲在无人打扰的房间听几曲音乐，追一集有趣的新剧，或者敷一片面膜放松一下。我们定期需要一个空间或片段，来安放自己。我们不仅仅是孩子的父母、父母的儿女、老板的下属，更是自己。卸掉所有的社会角色，我们是一个活生生的人，我们的情绪和自我也需要被关照。

有人开玩笑说，孩子睡觉后的熬夜，熬的不是夜，是自由。蹲在厕所半小时，解得不是方便，是放空。这样的短时间脱离，从某种角度来看，就是与自己相处。不过，我还是希望这样的时刻更加有仪式感，比如夫妻两人商量一下轮流带娃半小时，一方可以安静地享受一段私密时间。这样的片刻之后，我们再带着愉快的心情和孩子进行高质量的互动。高质量的陪伴，不仅是孩子需要一对一的"专门时间"，家长也需要和自己、和彼此的"私密时间"。

育儿之前，更要悦己。科学证明，比父母陪伴时间更重要的是父母的情绪状态，更容易伤害孩子的并不是爸爸妈妈过少的陪伴，而是家长的焦虑、狂躁、崩溃和不断累积的负面情绪。哈佛大学的研究发现，比父母做了什么更重要的是，父母是什么样的人。即使我们给孩子读了全世界的绘本、买了最贵的玩具，也比不过我们温暖的怀抱和时刻挂在脸上的笑容。因为**情绪都是流动的，努力让自己更开心，比迎合孩子更重要。**

5.4

当你无计可施

的时候

　　养育这种 365 天全年无休的工作难免会让人有状态不佳的时刻，或许因为白天工作的不顺遂，或许因为和家人出现沟通矛盾，再或者生病了身体和心情都不在状态。

· 玩耍，是可以偷懒的

　　作为 3 个孩子的妈妈，我有时候真的会非常疲惫。随着孩子长大，我越来越发现高质量的陪伴不是勉强而来的。尽管我们都努力给自己充满电，也用尽了各种玩法的排列组合，总会有力不从心的时刻。除了"混乱时间"可以让我们省一会儿心，我每天还会特别穿插这样的"偷懒游戏"，躺着带娃简直是最舒服的育儿体验。

游戏 Tips

1. 装病人： 家长来演病人，孩子拿着卡片当挂号单，用耳机线当作输液器，拿着医药包里的塑料体温计给家长量体温，全程模拟医生看病的流程。它包含了假装游戏、角色扮演、健康管理、生活常识、同理心等多种内容。事实上，只要家长说："我病了，好难受，小医生来给我看看病吧！"孩子们就会自发地把沙发上的"病人"照顾得很好。多子女家庭，还可以家长和孩子们轮流当病人、当护士、当医生。

2. 埋妈妈： 家长让孩子拿刚洗好的衣服、海洋球、毛绒玩具或者靠枕等把自己埋起来。差不多的时候再去掉，让孩子或者别的游戏参与者继续重复这个游戏。

3. 关爸爸： 这是一个以任何舒服的姿势都可以玩的游戏，家长让孩子拿积木或者玩具把自己圈起来，换一个姿势稍微打破边界，孩子再继续把家长"关起来"。我特别享受孩子们的笑声响彻屋子的声音。

4. 脱袜子： 向孩子求助，帮家长穿脱袜子，不停重复。

5. 爬大山： 家长把脚搭在沙发上并躺在地垫上，或者趴在地上，制造一个舒服的坡度，让孩子上下攀爬。进阶版是引导孩子把高低处都设计编造成大海、高山、盆地等。还可以让孩子了解一些地理知识。

6. 按摩师： 家长或躺或趴，让孩子用小手、小脚、小屁股，甚至小道具给爸爸妈妈按摩。别忘了感谢小小按摩师，或者刁难一下"再使劲""轻一点"。这样玩，除了角色扮演带来的益处，还能帮助孩子理解身体接触的力度，引导孩子的攻击性行为。

7. 木头人： 坐着躺着趴着都可以玩这个游戏。和孩子比赛谁可以保持不动，谁保持的时间最长就获胜了。喊"123，木头人"或者"123，冻住了"。这个游戏会让孩子一直哈哈大笑，忍不住乱动，但是爸爸妈妈可以让身体保持一阵子的放松状态。

8. 点歌台： 和孩子躺着或者趴着，玩"点歌游戏"或者歌曲接龙，儿歌、歌曲、绕口令、流行乐曲都可以唱给孩子。孩子说"切歌"就可以让家长换一首歌曲。就像我在玩音乐中提到的那些方法一样，借此机会，爸爸妈妈还可以引导孩子自己唱歌、编歌，发现孩子喜欢的音乐类型。

9. 故事龙： 每人讲一个小故事，或者像"点歌台"一样。

10. 卧谈会： 就像睡前故事一样，躺着和孩子随便聊聊今天发生的事情，自己的和家庭的都可以涉及。如果孩子还不能太准确地表述，还可以用喜欢或者讨厌的颜色和动物来形容一天的感受。有一次女儿和我在卧谈中就聊到"今天和弟弟抢玩具，被弟弟推了一把，不开心，心情灰灰的，感觉心里住了一只大野狼"。这样的卧谈时间，相对游戏强度低，而且亲子之间的沟通也会很快增进，毕竟让小朋友敞开心扉并没有成人这么容易。

11. 找一找： 躺着让孩子找一找妈妈的眼睛、鼻子、脸上的痣，左手第三根手指等，也可以用英语来问，帮助孩子强化记忆。这个游戏的进阶版还可以延伸到找书里面第几页的小动物、书架上的第几本书等，锻炼孩子的数学思维。

12. 美容师： 假装孩子是美容师，给妈妈拿衣服，敷面膜，涂指甲，做头发，当然这个游戏需要忍受一下孩子会把我们的头发和脸弄得乱七八糟。

这 12 个"躺着玩"的游戏推荐给大家，开动脑筋，开发出每个家庭独特的玩耍素材。我身边有个家长是纸箱达人，每次都装作纸箱怪兽，把箱子套在自己身上，靠着沙发，孩子拿着蜡笔在纸箱子上尽情作画，也是一种特别个性化的"偷懒时间"。

· 坦诚，是最有效的亲子连接

除了有趣的偷懒，特别不舒服的时候，直接告诉孩子我们状态不佳，需要"充电"休息一会儿，或者"请假一天"。孩子或许并不足够善解人意，但是他们对于坦诚的沟通总是有高度的积极回应的能力。

不是只有大人需要照顾孩子，孩子也可以照顾大人。 真诚地告诉孩子"妈妈今天有点累了，休息一会儿再来陪你玩。"好过强迫自己心不在焉地陪伴。向孩子求助"妈妈想玩一点轻松的游戏，或者躺着一动不动，你在我旁边玩积木吧。"相信孩子也会找到临时的玩耍内容。亲密的陪伴和独立玩耍都是孩子需要的成长养分。

别忘了，你不是一个人。让别的家人与你一起轮流陪玩，让每个家人都有机会充当自己的角色。**你需要的，只是开口，而不是抱怨。**"来帮我一下，好吗？"永远比"你怎么都不帮帮我"更让人甘之如饴。

· 当好脚手架，轻松让孩子"玩得更好"

没有父母的干预，孩子也可以在自己的舒适区玩得很愉悦，父母适时当一下脚手架，给孩子设定一个稍微难一点的升级版任务，在孩子的"就近发展区"助推一把，也会收获小惊喜。比如一直喜欢堆积木的孩子，引导他堆一个更高的，或者换一个造型，或者按照一定的顺序重新排列组合……

如果孩子有畏难情绪，父母可以拆解一下任务，引导孩子"再试试看"、"我们一起尝试"或者"是否有别的方法"，而不是硬逼迫着孩子去挑战自己完全不可能完成的任务。一方面让孩子在熟悉的游戏中获得更丰富的进阶体验，另一方面也帮助孩子的思维能力和问题解决能力得到了提高。

我意外发现女儿特别喜欢玩拼图，从 6 块、9 块、20 块逐级上升，每次遇到新的任务无法完成的时候，她都会有些沮丧。我就会和她一起努力，"这样可以吗？""我们来试试这样行不行"，适度地引导、鼓励、助推，只需要轻轻的帮助，孩子就会开启升级的大门。

孩子整个成长的过程，就是玩耍升级的过程。 从简单到复杂、从具体到抽象、从真实到想象，孩子的思维和能力都在旋转式飞速发展。孩子慢慢会把自己喜爱的游戏融合和重组，用自己的方式理解这个世界。

玩具只是玩具，比我们提供给他什么样的玩具、玩法更重要的，是孩子在玩耍中收获的快乐和成长。而到孩子再长大一些，我们要做的就是逐渐退出，把成长的功课还给孩子。

就像龙应台老师在《目送》一书中说到的那句话：我慢慢地、慢慢地了解到，所谓父女母子一场，只不过意味着，你和他的缘分，就是今生今世不断地在目送他的背影渐行渐远。你站在小路的这一端，看着他逐渐消失在小路转弯的地方，而且，他用背影默默告诉你：不必追。

在父母"过期"之前，好好陪孩子玩吧，这将是你们最好的沟通语言。

参考文献

曾光，赵昱鲲 . 幸福的科学 [M]. 北京：人民邮电出版社，2018

陈冬梅 . 假想游戏与儿童早期发展 [M]. 成都：电子科技大学出版社，2011

张纯颖 . 这样爱你刚刚好我的 N 岁孩子 [M]. 长沙：湖南教育出版社，2013

洪兰，蔡颖卿 . 教养在生活的细节里 [M]. 北京：北京时代华文书局，2017

胡萍 . 善解童贞 [M]. 南京：江苏科学技术出版社，2016

魏坤琳 . 给孩子的未来脑计划 [M]. 北京：中信出版社，2018

[美] 迈克尔 · 麦耶霍夫，蒋海燕 . 玩耍的力量 [M]. 北京：电子工业出版社，2017

[奥] 阿德勒 . 儿童教育心理学 [M]. 海口：南海出版公司，2015

[美]David R. Shaffer，Katherine kipp. 发展心理学 [M]. 北京：中国轻工业出版社，2016

[美] 丹尼尔 · 戈尔曼 . 情商 [M]. 北京：中信出版社，2018

[美] 高普尼克 . 宝宝也是哲学家 [M]. 杭州：浙江人民出版社，2014

[法] 卢梭 . 爱弥儿论教育 [M]. 北京：人民教育出版社，2017

[美] 科恩 . 游戏力 [M]. 北京：中国人口出版社，2015

[英] 彼特 · 洪顿，珍妮 · 沃伦 . 带孩子去森林 [M]. 北京：九州出版社，2016

[韩] 金善贤 . 读懂孩子的心理画 [M]. 北京：机械工业出版社，2016

[美] 盖尔 · 赖克林，卡罗琳 · 文科勒 . 赖克林儿童情绪手册 [M]. 杭州：浙江人民出版社，2012

[美] 哈韦 · 卡普 . 卡普儿童行为手册 [M]. 杭州：浙江人民出版社，2013

[意] 蒙台梭利 . 童年的秘密 [M]. 杭州：浙江工商大学出版社，2018

[美] 马歇尔 · 卢森堡 . 非暴力沟通 [M]. 北京：华夏出版社，2015

[美] 米哈里 · 契克森米哈赖 . 心流 [M]. 北京：中信出版社，2017

致 谢

感谢清华大学社会科学学院院长彭凯平教授和清华大学积极心理学研究中心，在我写这本书的过程中，多次给予科学的建议和积极的鼓励，让我将"幸福的科学"积极心理学的知识融入孩子的成长之中。

感谢北京大学的教授和同学们，给予我学业上的支持和帮助，让我在攻读研究生的阶段还可以有余力完成这本书的写作。

感谢北京大学心理协会和千万个妈妈的支持，让我在团体辅导、个体咨询、分享传播的过程中，积累了很多对于成长、自我、生命、育儿的案例和思考，并沉淀下来。

感谢每一位朋友、同事以及每一位与我连接过的有缘人，是你们激励我努力且更清晰地表达自己的理念和方法，为我提供了莫大的精神支持。

最感谢的是我的家人，一位睿智真诚的爱人，两双伟大无私的父母，三个可爱的孩子。是你们一直支持我成长，让我体会到了一个"母亲"的更多可能性，为我提供了最坚实的依靠，让我有圆满的、幸福的、独一无二的人生。

感谢每一个参与我生命的人，你们都是我最积极的资源，是参与塑造我生命的合伙人。这本书，也是给你们的礼物。

"晴天妈妈"郭俞杉

2018 年 5 月

图书在版编目（CIP）数据

玩法养育：让父母不焦虑的轻松育儿法 / 晴天妈妈著. — 北京：电子工业出版社，2018.6
ISBN 978-7-121-34596-8

Ⅰ. ①玩… Ⅱ. ①晴… Ⅲ. ①儿童教育－家庭教育 Ⅳ. ①G782

中国版本图书馆CIP数据核字(2018)第137794号

策划编辑：栗　莉
责任编辑：张瑞喜
印　　刷：中国电影出版社印刷厂
装　　订：中国电影出版社印刷厂
出版发行：电子工业出版社
　　　　　北京市海淀区万寿路173信箱　　邮编：100036
开　　本：787×1092　1/16　印张：12.25　字数：258千字
版　　次：2018年6月第1版
印　　次：2018年6月第1次印刷
定　　价：68.00元

　　凡所购买电子工业出版社图书有缺损问题，请向购买书店调换。若书店售缺，请与本社发行部联系，联系及邮购电话：（010）88254888，88258888。
　　质量投诉请发邮件至zlts@phei.com.cn，盗版侵权举报请发邮件至dbqq@phei.com.cn。
　　本书咨询联系方式：lily34@phei.com.cn　（010）68250970